中国经济文库

理论经济学精品系列（二）

工程保险消费行为影响因素实证研究

An Empirical Study on Factors Influencing Consumer Behavior of Chinese Engineering Insurance

刘艳玲　董　力◎著

中国经济出版社
CHINA ECONOMIC PUBLISHING HOUSE
北　京

图书在版编目（CIP）数据

工程保险消费行为影响因素实证研究/刘艳玲，董力著．
北京：中国经济出版社，2015.1
ISBN 978-7-5136-3634-6

Ⅰ.①工… Ⅱ.①刘… ②董 Ⅲ.①工程保险—消费—影响因素—研究 Ⅳ.①F840.681

中国版本图书馆 CIP 数据核字（2014）第 304398 号

组稿编辑 崔姜薇
责任编辑 张 博
责任审读 贺 静
责任印制 马小宾
封面设计 华子图文

出版发行 中国经济出版社
印 刷 者 北京艾普海德印刷有限公司
经 销 者 各地新华书店
开　　本 710mm×1000mm 1/16
印　　张 13.5
字　　数 184 千字
版　　次 2015 年 1 月第 1 版
印　　次 2015 年 1 月第 1 次
定　　价 49.80 元

中国经济出版社 **网址** www.economyph.com **社址** 北京市西城区百万庄北街 3 号 **邮编** 100037
本版图书如存在印装质量问题，请与本社发行中心联系调换（联系电话：010-68319116）

前　言

中国工程保险经过20多年的发展，目前已初步建立起有中国特色的工程保险制度。但随着投资主体多元化以及建设项目法人负责制的实行，中国工程保险制度的运行环境已发生较大变化。就中国目前的现实情况来看，中国工程保险市场发展失衡——市场需求发展迅速，而有效供给则严重不足，导致消费市场规模难以扩大；而且目前的工程保险制度也面临着如何进一步发展和创新的问题。因此，了解和把握中国工程保险市场消费者的真实需求和行为规律，探求影响工程保险消费者决策的因素，并以此为依据改善保险产品供给、完善工程保险制度，是中国工程保险市场的当务之急。

本书首先以比较研究的方法，在对发达国家工程保险成功经验梳理的基础上，通过对国内外工程保险发展现状和特点的比较，分析了中国工程保险与国外的差距以及发展滞后的原因。

需求是消费的前提和基础，只有有效的需求才有可能产生消费意向与消费行为，因此研究影响工程保险需求的因素有助于更加准确地把握消费者的行为决策。鉴于此，本书随后基于新制度经济学的经典理论，运用计量经济学方法，利用EViews5.0计量学软件，对中国工程保险复业以来的有效需求影响因素进行了计量学检验，揭示了影响中国工程保险需求的因素，并对中国工程保险保费收入增长与赔款支出增长的互动关系进行了实证检验，以判断工程保险与建筑业之间是否存在良性互动关系。

目前的中国保险业正面临着从传统的以企业为导向的保险营销模式，向以顾客价值为导向的营销模式的转变与创新。以顾客为中心，研究顾客需求，为顾客创造优异的价值，获取顾客的认同，才能使企业获得更强的竞争优势，促进行业长效健康的发展。因此，本书接下来以消费者计划行为理论为基础，在总结上一章中国工程保险有效需求与消费影响因素研究结论的基础上，结合国外工程保险发展的有益经验，尝试从消费者行为学的视角，对影响中国工程保险消费行为的因素加以系统研究。确立了工程保险的消费环境、感知价值和保险意识对消费意向与消费行为的影响关系，建立了工程保险的消费环境、感知价值和保险意识对工程保险消费行为影响的三阶模型，提出了相应的研究假设。在实证研究部分，对相关的测量题项进行了精心设计，并利用 SPSS16.0 和 LISREL8.7 统计软件进行统计分析和结构方程模型分析。实证结果显示：四个研究假设都通过了显著性检验，进一步证明了工程保险的消费环境、感知价值、保险意识、消费意向和消费行为之间具有显著的正相关关系，消费环境、感知价值、保险意识对消费者消费意向与消费行为都有着十分重要的影响。

最后，在以上对工程保险消费者意向与实际选择行为影响因素研究结论的基础上提出了几点管理启示：①改善工程保险的消费环境。解决工程保险费用来源，改善中国工程保险的管理体制和运行环境，建立工程保险制度的配套措施，建立统一协调的保险信用管理体系。②提高工程保险产品的质量和服务水平，提升消费者对工程保险的感知价值。③提升消费者的保险意识。加强对保险产品的认识和理解、提升消费者心目中保险产品的形象和地位。在管理启示之外，本书还提出了改革中国工程保险制度的构想：以政府强制、贷款银行把关和市场选择为原则，初步建立强制工程保险和自愿工程保险相结合的有中国特色的工程保险制度。

目录 CONTENTS

第1章 引言

第 2 章 相关基础理论研究及其进展

第 3 章 国内外工程保险产业发展现状分析

第 1 章

CHAPTER 1

引　言

一、研究背景和意义

（一）研究背景

作为一种市场化的风险转移和应对机制，工程保险在分散工程风险、补偿工程损失、提高建筑业综合生产能力和促进建筑业增收方面发挥着重要作用：首先，工程保险是保障工程建设顺利有序进行、调节社会关系、有效转嫁相关方责任风险和减少纠纷的重要手段。通过工程保险将工程建设中以及后期工程投入使用中的风险以较小的代价转移给保险公司，可以对建筑业和相关从业人员进行有效的风险管理和经济补偿，保障建筑业生产稳定持续增长。

其次，工程保险是提高建筑业产值、提高固定资产投资效率、促进建筑业企业增收、保障国家公共利益、完善项目法人责任制的有效措施，有助于增强建筑企业的承包能力，促进设计、施工和工程管理能力的提高和高新技术在建筑业中的应用，间接保障建筑业的快速发展。

再次，工程保险是建筑业综合支持保护体系的重要组成部分，其参与建筑业生产、防灾、安全技术等各个环节的风险管理和市场化运作，可以提升建筑业抵御自然灾害和提高处置事故的灾害应对能力，是工程建设的稳定器。

最后，工程保险是加快建筑业产业化经营的重要途径。大力发展工程保险，建立工程保险制度，是运用经济手段支持建筑业，完善建筑业保护体系，加快中国建筑业产业化进程，提高国际竞争实力的重要途径。

1. 社会经济背景

经过20多年的发展，特别是近10年的快速发展，中国工程保险从无到有，取得了较大进步。从工程保险的保费收入来看，从1998年的6亿元增长到2008年的39.2亿元，增长了5倍多，年均增长率为20.6%，增长速度非常快，高于非寿险保费年均14.6%的增长速度；和固定资产投资的年均增长率17%相当。但是从有关比例结构来看，虽然工程保险保费收入占整个非寿险保费收入的比例从12‰增长到了16‰，但占非寿险保费收入比例仍然很低，远低于发达国家5%的水平；工程保险及其责任险保险费占全社会固定资产投资额的比例更低，仅万分之二左右，且近十年基本没有变化。以上数据说明工程保险发展主要是由经济发展推动的，工程建设方的投保意识没有得到明显提高，投保率很低。这与发达国家工程项目投保率达90%以上的比例相差甚远，但同时也表明中国工程保险市场巨大的潜在需求。

在赔付方面，赔付金额随着保费收入的增长，也保持了相应的增长，从1998年的1.92亿元增长到2008年的13.8亿元，年均增长率为21.8%。从已决赔付率[①]方面看，1998～2008年工程保险的已决赔付率在32%～47%，除2005年受上海地铁四号线事故赔案结案影响较高外（已决赔付率约为57%），其他年度已决赔付率较低，工程险与其他险种相比，是利润较好的险种[②]，而发达国家工程保险的满期赔付率约为70%，对应的是盈利率仅为10%[③]。

在中国，工程保险渗透度低、减灾救灾能力相对较低，进而无法形成规模效应，制约了保险业的发展，直接导致工程损失得不到及时的补偿。由于保险是依据大数法则，如果无法形成规模效应，也就严重影响了工程保险各环节的发展。长期以来，中国缺乏对工程保险保费的合理厘定，工程保险业的费率过高，赔付率过低。与中国工程保险市场的迅猛发展相比，中国工程保险行业自身素质的提高与市场的扩大并不相匹配——保险公司不从提高自身效率、降低成本角度出发，习惯通过恶性竞争，来提高利润率，导致保险公司发展工程保险的积极性不足。这显然是违反市场规律的，而且与未来应对大批外资保险公司入驻中国这一大趋势不相匹配。

2008年初的雨雪冰冻灾害造成了1516.5亿元的直接经济损失，而保险赔款只有19.74亿元，占比约为1.3%。与十年前相比，1998年的特大

---

① 已决赔付率＝日历年度已决赔款/日历年度承保保费；满期赔付率＝（承保年度制已决金额＋承保年度制未决金额）/满期保费。已决赔付率与满期赔付率统计口径不同，已决赔付率不能完全反映业务质量，两者数据不完全可比，但已决赔付率与满期赔付率也能反映国内外工程保险赔付率现状和趋势。

② 统计年鉴、中经网和瑞士再保险SIGMA期刊。

③ 源自The International Association of Engineering Insurers IMIA官方网站2010年数据。

洪灾造成直接经济损失2484亿元，保险业共支付水灾赔款33.5亿元，也为1.3%左右。2008年汶川地震的经济损失预计可达2000亿元，而地震赔款预计最高为5%。由这些数据可以看出，中国保险业在巨灾风险分担方面的能力极为有限，而且近十年来几乎没有改善，这与同一时期中国保险业的迅速发展形成了鲜明的对比。而国外巨灾损失，保险补偿平均超过经济损失的30%，很好地发挥了保险的职能和作用（刘新立，2008）[1]。不仅巨灾损失补偿力不足，对其他风险损失的补偿也同样如此，中国保险公司的保险赔付金额相对于损失金额只占到很小一部分，而全球保险赔付占直接经济损失的均值约为36%，这进一步凸显了中国保险的减灾救灾能力较差①。因此如何借鉴国外成功经验，建立并完善符合中国国情的工程保险制度体系是十分必要和迫切的。

建筑业是国民经济的支柱产业之一，同时也是风险较大、人身伤亡事故多发的行业，其事故发生数和死亡人数在各行业中仅次于交通、矿山，居第三位，是各方关注的焦点问题之一。转型期的中国建筑业正处于一个信用缺失的尴尬年代。2009年全国建筑业总产值75864亿元，比上年增长22.3%；建筑业企业实现利润2663亿元，增长21.0%。在GDP的贡献中，建筑业的比重越来越大。然而建筑规模的扩大，新技术、新材料的不断应用，增加了建设工程的风险。繁荣的建筑市场背后所隐藏的混乱无序，也为劣质工程的滋生提供了温床。在这样的背景下，开展工程保险越发必要：

（1）一些工程质量事故发生后，赔偿责任无法落实。《建筑法》和《建设工程质量管理条例》对参与工程建设的各责任主体，包括建设单位、勘察设计单位、施工单位、监理单位等的责任做了严格规定，除了必要的行政责任、民事责任，也规定了民事赔偿责任。但中国设计、施工单位长期以来实行的是低价格、低利润政策，行业自身积累严重不足，难以将法律法规所规定的赔偿责任落到实处。工程事故发生后，由于大部分的设计、施工单位不具备经济赔偿能力，受害方的权益得不到保证，政府不得不出资承担善后工作。实施建筑工程保险制度，可以使法律法规所规定的各方质量责任落到实处，并使政府职能进一步转变。

---

① 《保险资讯》2008年第1期。

（2）建筑业新技术新工艺的不断出现带来了大量技术风险。进入20世纪90年代，中国建筑业生产力得到了迅速发展，施工能力不断提高，超高层、大跨度房屋建筑施工技术、大跨度预应力、悬索桥梁施工技术、地下工程盾构施工技术、大体积混凝土浇筑技术等都达到或接近国际先进水平，完全依靠自己的力量建成了一大批大型工程项目。但由于人类认识自然、掌握自然规律水平的限制，技术风险仍然存在，如何有效确保工程质量就面临了新的挑战。因此，为规避技术风险，提高管理水平，开展建筑工程保险十分必要。

（3）参与国际竞争的需要。目前，世界上大多数国家均实行工程保险制度，国外企业进入中国市场以及中国建筑企业进入国外市场都要求投保工程保险，而中国的工程保险才刚刚起步，国际竞争力还有待增强。同时，工程保险已成为国际工程交易中必不可少的条件之一，开展工程项目保险对开拓国际市场，与国际惯例接轨是非常必要的。

（4）缺乏工程质量信息档案有碍于建筑市场信用体系的建立。工程质量信息档案是企业诚信体系的重要组成部分，是市场的规范要求。依据工程质量信息档案，施工质量水平差、信用差的企业，在工程招投标时将很难中标，同时按照法规要求在保险公司投保就要付出高额的保费，甚至无人愿意为其承保，在长期中，这样的企业就会逐渐在市场竞争中处于不利地位。因此，工程质量信息档案的建立有利于建筑业企业的优胜劣汰，可以发挥市场配置资源的基础性作用，有利于建筑市场信用体系的建立。建筑市场信用体系的建立，则有助于建筑工程保险制度的推行，进一步促进企业加强质量管理，提高工程建设法人的诚信度。但是在中国工程质量信息档案尚未建立，建筑市场信用体系也因此无法构建，造成市场资源配置不够优化，工程事故屡屡发生。

（5）公共利益受损严重。国家投资的工程效益较低，很多工程在施工期间工程事故不断，加重了国家的负担，而竣工投入使用后不久质量问题层出不穷，百年大计，质量优先的战略无法得到保障，国家损失巨大，建设工程行业发展对中国国民经济发展至关重要，这些亟待解决的问题严重困扰着建筑行业的发展。

中国目前处于工程建设的高峰期，因此，作为工程建设的当事人，有必要通过工程保险来分散、转移风险，防止意外发生或因他方不履行法定的或合同义务给自己带来难以弥补的损失。

2. 政策研究背景

早在2002年，建设部就设想，三类工程原则上应强制办理工程质量保险：一是政府投资的房屋建筑工程，如办公楼；二是关系社会利益和公共安全的房屋和建筑工程，如商场、体育馆、剧院、学校等；三是各类商品住宅工程。建筑企业或开发商投保了该险种后，一旦突发建筑工程安全事故，将由保险公司在第一时间向受害第三方进行赔偿。可以看出，建筑工程质量保险具备很强的公益性。同时，在未发生事故的施工期间，保险公司由于受利益的驱使，也会利用自身防灾防损的经验，帮助建设工程方共同参与防灾防损，维护工程的安全，防患于未然，降低工程事故的发生，提高风险管理水平。

人保财险公司从2002年开始参与建设部和保监会的建设工程质量保险制度项目。据悉，目前已经建立了包括建筑施工企业雇主责任险、建筑工程勘察责任保险、建设工程设计责任保险、单项建设工程设计责任保险、住宅质量保证保险等系列产品在内的一揽子建筑行业责任保险产品体系。推出的建筑工程质量保险产品保障期限长，对建筑质量全程管理，并且实行费率差异化，建筑工程质量保险根据开发商、施工单位的资质、历史记录等实行浮动费率。但据了解，“房屋质量保证保险”目前发展十分缓慢，之所以遭遇尴尬，与目前的“质量保证金制度”有关。为了保障《建筑法》中规定的建筑工程主体结构质量终身责任制的实施，目前国内建筑业内普遍实行质量保证金制度。施工方在开工前，须向开发商交占工程预算5%~8%的“质量保证金”作为抵押，待工程竣工验收合格后退还。一旦建设过程中发生质量问题，开发商将通过收取的质量保证金来补偿业主。不过，实际上项目竣工验收后，施工单位交纳的保证金一般都被开发商扣留。

目前中国有关工程保险的法律体系还不够完善，只有施工人员团体意外伤害保险被1997年《建筑法》列为法定保险，其他工程保险险种在相关法律法规中并未作强制性的规定，只有个别城市或地区通过政策的手段要求企业必须购买工程保险。如深圳市2000年6月发文要求所有在深圳承接设计业务的单位必须购买设计责任保险；2001年5月上海市建设委员会发文要求上海市所有设计院须投保工程设计责任险；北京市也要求外地进京承接设计业务的单位必须购买设计责任保险。中国重新修订的《建筑工程施工合同范本》虽对建筑和安装工程一切险、人身伤害险和施工机具险设置了相应条款，但是在实际中一直未能得到推广和普及，造成建筑和安装工程一切险、第三者责任险等都处于放任自流的状态。另外，中国大型工程建设项目风险主体和保险费来源不明确，工程保险费高，险种少，缺乏既懂保险又懂工程技术的人才，保险公估和经纪等中介机构不完善等，这些因素制约着中国工程保险的发展。

近年来，一些地方陆续开展了工程保险的试点工作。如上海市，1998 年依据《建筑法》开展了建筑施工企业职工意外伤害保险试点工作，目前已在 19 个区县（除崇明县外）普遍推行。山东、河北、辽宁、重庆等省市也开展了意外伤害保险试点工作。为指导各地开展工程保险试点工作，建设部特地下发了《关于中国建立工程风险管理制度的指导意见（讨论稿）》《关于中国建立工程风险管理制度的研究报告（讨论稿）》两个重要文件。各地开展保险试点形成了对工程保险运行机制研究的现实需求。

3. 理论背景

国外学者对工程保险的研究主要集中在风险识别、风险估计、风险评价、风险应对决策与监控等风险管理模型和技术领域方面。

(1) 国外学者的研究。

①风险识别的模型和技术。以色列的 Aury Shaked（2000）[2] 提出了国际工程风险估计模型框架（ICRAM - I），并将该方法用于国际工程项目的国别风险、市场风险和工程本身的风险识别中；筛选—监测—诊断技术是集成化风险管理过程的原型，D. K. H Chua、D. Z. Li（2001）[3] 和 Z. Chen、G. H. Huang（2003）[4] 应用该方法开发了项目风险管理系统；Purdue 大学的 Luh-Maan Chang（2002）[5] 用风险因素预先分析法对 BOT 项目投资风险进行了系统的风险识别；沙特阿拉伯的 Osama Ahmed Jannadi（2003）[6] 以及 Purdue 大学的 Sangyoub lee（2003）[7] 开发了建筑安全风险评估模型，采用了问卷调查的方法来识别建筑施工安全风险；Steven M. Trost 和 Garold D. Oberiender（2003）[8] 应用因子分析法和多元回归模型来定量地识别早期成本预测的影响因素。

②风险估计技术及模型。Geoff Conroy、Hossein Soltan 和 Conserv

(1998)[9]将调查和专家评分法发展为风险坐标法；Paul R.、Garvey P. Y.、Lansdowne Z. F.（1998）[10]和 Lansdowne Z. F.（1999）[11]将调查和专家评分法发展为风险评估矩阵方法；蒙特卡罗模拟与 PERT 网络技术相结合则形成了各种用于进度、费用风险估计的模型（GERT 模型、VERT 模型），在工程项目投资风险、成本风险估计中得到了大量采用（Leroy J. Lsidore and W. Edward Back，2002）[12]。

③风险评价技术。综合评价法，也称主观评分法，是最简单、常用又便于操作的方法。它主要通过风险调查表的形式识别风险，然后由专家对可能出现的事件或风险的重要性进行评价，最后得出综合的整体风险水平。Makarand Hastak、Aury Shaked（2000）[2]用此方法对国际工程项目的宏观决策风险进行了综合评价；印度的 Prasanta Kumar（2003）[13]将层次分析法运用于跨国管线工程的风险评价中，减少了管线监测的时间。

④风险应对决策与监控。Ram Manvi、Charles Weisbin（2003）[14]将决策树方法运用在工程投标风险、投资方案风险决策中。

（2）国内学者关于风险管理模型和技术的研究。

对于工程保险的研究主要是集中在风险识别、风险估计、风险评价、风险应对决策与监控等风险管理模型和技术的开发，以及费率厘定、风险管理架构、工程保险制度、法律、国际比较等方面的定性分析上。

①风险识别的模型和技术。许天乾（2001）[15]等提出了一种基于工作分解结构（Work Breakdown Structure，WBS）和风险分解系统（Risk Breakdown Structure，RBS）相结合的风险识别方法，并用于识别某大型水电工程的项目风险，起到了较好的效果；王卓甫（2003）[16]利用网络计划的关键线路法（CPM）对水利水电工程进度风险进行初步识别，并用模拟的方法进行风险估计，从而验证了该方法在施工进度风险分析中大量采用的可行性；韩敏、林云（2003）[17]将人工神经网络模型用于筛选影响投标报价的风险变量。

②风险估计技术及模型。朱启超、匡兴华（2003）[18]将调查和专家评分法发展为风险评估矩阵方法；钟登华、张建设、曹广晶（2002）[19]提出了一种计算 PERT 网络路径转移的新方法。

③风险评价技术。李百胜等（2002）[20]将层次分析法运用于 BOT 项目的风险评价，建立了标准的 BOT 项目风险评估模型。

④风险应对决策与监控。王卓甫（2001）[21]将决策树方法运用在工程投标风险、投资方案风险决策中并取得了良好的效果。

（3）国内学者关于工程保险费率的研究。

黄如宝（2000）[22]确立了工程保险费率厘定的原理，即借鉴日本的经验，根据工程的地域特性、工程结构类别、工期长短、承包商资质综合确定调整系数，最后乘以基本保费和附加费就是该工程的保费收入；余子华（2003）[23]研究发现，工程保险的费率受工程保险标的、保险人、投保人及社会四大因素影响。

（4）国内学者关于风险管理模式的研究。

梁青槐、贾俊峰（2005）[24]在分析国内外工程保险业务现状的基础上，结合中国工程实际情况，提出了基于工程保险的土建工程施工安全风险管理模式；陆彦、成虎、陈守科（2006）[25]根据中国《保险法》相关规定以及目前工程保险市场的情况，构建了大型工程保险的架构。

（5）国内学者关于工程保险制度的研究。

陈伟、孙希波（2004）[26]分析了中国工程保险存在的问题，提出了完善工程保险制度的建议；杜静华（2005）[27]结合中国现状以及国际上的成功经验，简要地分析了强制实行工程保险的优势及其屏障和对策；陈晓芸（2005）[28]针对工程项目保险费率攀升的趋势，研究了如何通过对一般保险安排的模式进行结构性调整优化，达到既加大对工程项目的保障力度，又降低保费支出的目的；李德智、邓小鹏（2005）[29]对发展中国家保险制度进行了研究，以期为中国工程保险制度提供借鉴；任泽华（2008）[30]从经济学角度出发，分析了工程保险的四个参与主体和工程建设市场机制的问题，以期找出工程保险发展滞后的“症结”所在；于芹（2010）[31]从中国工程保险行业的现状分析出发，剖析了存在的主要问题。在借鉴发达国家经验的基础上，对中国工程保险制度的完善提出了建议。

（6）国内学者关于工程保险法律的研究。

王景伟（2009）[32]阐述了投保人需要注意的工程保险筹划、保险模式的选择、保险金额的确定、保险合同架构、保险合同的谈判与签约等关键法律问题。

（7）国内学者关于国际比较的研究。

李燕鹏（1998）[33]，孟宪海（2000）[34]，李明、高欣（2002）[35]，刘

杰、孙智（2002）[36]，徐波、赵宏彦、高小旺、李中锡（2004）[37]，李小燕、卢有杰（2006）[38]，贺震川（2007）[39]，陈建军、卞艺杰等（2007）[40]在对发达国家工程保险成功经验研究的基础上，提出了完善中国工程保险及其配套机制的建议和意见。

（8）国内学者关于财产保险消费的研究。

在财产保险消费领域，学者们从营销渠道的创新和新营销模式的构建角度开展的研究较多。刘萌（2004）[41]研究认为，针对非寿险的特点，未来的营销趋势应该是多元化、差异化、创新化的；曹晓兰（2005）[42]研究认为应完善财产保险营销机制：抓好营销员队伍建设，开发适合个人营销的险种，开拓财产保险分散性业务的营销，注重财产保险的延伸服务，科学的激励机制，努力创新售后服务；万敏（2007）[43]提出，财产保险整合营销是适应市场变化大势所趋的营销模式。

（9）国内学者在其他方面的研究。

魏华林、田华（2004）[46]，刘延宏（2006）[47]，许晓民（2007）[48]分析了中国工程保险存在的问题，提出了完善工程保险的建议；黄如宝、孙斌（2005）[49]对建设工程保险中介进行了概念性的描述，并从信息经济学的角度分析了建设工程保险中介机构存在的意义和必要性，指出了中国中介机构的现状和不足，并提出了符合国内实际情况的发展对策；赵海鹏、陈小龙、林知炎（2007）[50]从社会成本与社会福利变化的角度分析了建筑工程质量缺陷造成外部不经济的机理以及建筑工程质量保险制度对减少这一负面效应的作用，论证了质量保险制度的实施是必要和有价值的；李小菲（2010）[51]从保险条款、保险主体、承保形式及业主风险管理等角度分析了招投标机制运用于工程保险的可行性，并从开标、投标、评标等方面阐述了具体的运作程序。

（10）文献评述。

可以看出，现有文献对于工程保险的研究主要集中在风险管理理论与技术手段方面，学者们做了大量研究工作，希望运用先进的风险管理技术和手段来提高中国工程保险的服务能力。一些学者则从费率厘定、风险管理架构、工程保险制度、法律、强制保险等方面进行了研究，希望通过完善工程保险的相关配套体系来完善工程保险。还有一些学者希望通过引进国外先进的工程保险制度和理论提高中国工程保险的服务水平。

在财产保险领域，不少学者通过定量分析，将经济发展水平、财富累积、企业生产盈余水平和保险价格作为解释变量，将财产保险保费收入作为因变量，定量分析解释变量是如何影响消费者保险需求的①。对于财产保险消费者行为规律的研究较为匮乏，在工程保险领域，更是十分少见。总的来看，对于财产保险消费的研究还是比较缺乏的，工程保险消费行为尤其如此。

市场经济对工程保险的强大需求，推动了对工程保险消费理论研究的现实需求，因此对工程保险消费理论的研究十分必要且迫切。

（二）研究意义

基于上述分析，工程保险消费影响因素的研究具有如下三方面的意义：

1. 改善保险产品供给，促进消费市场的健康发展

工程风险、工程保险产品、工程保险消费群体的特殊性，中国工程保险供给市场的现实发展状况，以及影响工程保险消费行为因素的复杂性，对中国工程保险消费影响因素的研究形成了现实的需求。工程保险消费行为影响因素的研究，将有助于提高工程保险产品的有效供给，提高消费者的满意度，促进工程保险产品的消费，从而使工程保险消费市场有序健康地发展。

2. 有助于非寿险企业提高竞争力

工程保险消费行为的研究对中国非寿险行业的发展，尤其是工程保险行业的发展具有重要的现实意义。将有助于中国非寿险企业从以企业为导向的营销模式向以顾客价值为导向的营销模式转变，有助于企业构建下一代核心竞争力，保持竞争优势，从而促进工程保险行业的健康发展。

3. 完善现有工程保险制度

尽管中国已经有了工程保险制度的雏形，然而现有的涉及工程保险制度的法律法规比较分散，而且可操作性不强。建设工程管理制度中对工程保险也有相关的规定，但它不是强制规定，不具备法律效力。对工程保险消费行为影响因素的研究，有助于准确把握工程保险消费者的需求特点与

---

① 参见第4章“理论分析与文献述评”。

行为规律，为改革现有建设工程管理体系、完善现有工程保险制度提供了决策支持。

二、工程保险消费概述

（一）工程保险概念界定

1. 工程保险

工程保险的基本职能是经济补偿，业主或承包商可以通过投保将一定的工程风险转移给保险人，业主或承包商只需要按期向保险人缴纳保险费，就可以在因保险合同约定风险发生而遭受经济损失时得到补偿，缓解因自然灾害、意外事件或人为风险给企业造成的压力。

国际工程保险人协会（IMIA）将工程保险业务分为四大类：①建筑、安装工程保险及其工程保证保险（CAR、EAR、GUARANTEE）；②机器损坏保险、锅炉爆炸保险和其他（M、BE、OTHER）；③电气设备保险（EE）；④利润损失保险（LOP）。通常将这四大类称为广义工程保险，而将其中的建筑、安装工程保险及其工程保证保险（CAR、EAR、GUARANTEE）称为狭义工程保险。

建筑、安装工程一切险共同涉及的基本承保风险有：

①自然灾害。自然灾害是指地震、海啸、雷电、飓风、台风、龙卷风、风暴、暴雨、洪水、冻灾、冰雹、地崩、山崩、雪崩、火山爆发、地面下陷下沉及其他人力不可抗拒的破坏力强大的自然现象。

②意外事故。意外事故是指不可预料的以及被保险人无法控制并造成物质损失或人身伤亡的突发性事件，包括火灾、爆炸、飞机坠毁等。

③一般性盗窃和抢劫。

④由于工人、技术人员缺乏经验、疏忽、过失、恶意行为或无能力等所导致的损失。

⑤原材料缺陷或工艺不善引起的其他被保险财产的损失。

⑥由于超负荷、超电压、碰线、电弧、漏电、短路、大气放电及其他电气原因造成的其他被保险财产的损失。

⑦施工用机具、设备、机械装置失灵造成的其他被保险财产的损失。

从上述定义可以看出工程保险对于“自然灾害”的概念性定义是“人

力不可抗拒的破坏力强大的自然现象”，凡是符合这一条件的均为“自然灾害”。同时，为了明确起见，保单罗列了常见的自然灾害现象。“意外事故”的概念性定义是“不可预料的以及被保险人无法控制并造成物质损失或人身伤亡的突发性事件”，凡是符合这一条件的均为“意外事故”。定义的关键词为“不可预料”“无法控制”和“突发性”。但由于这些自然灾害现象在程度上可能存在巨大的不同，可能造成损失的情况也有很大的差异，所以，在保险实践中往往需要对这些现象做进一步的规定和明确，以免发生争议。一般是通过国家的保险监管机关，如中国保险监督管理委员会或中国人民银行颁发的、具有法律效力的《条款解释》来实现的。

2. 工程保险的特征

工程保险是从财产保险中派生出来的一个险种，主要以各类民用、工业用和公共事业用工程为承保对象。现代工程保险已经发展成为产品体系较为完善，具有较强专业特征，且相对独立的一个保险领域。尽管工程保险属于财产保险的领域，但是它与普通的财产保险相比具有显著的特点。

（1）工程保险承保的风险具有特殊性。

工程保险承保的风险具有特殊性，表现在：首先，工程保险既承保被保险人的财产损失风险，同时也承保被保险人的责任风险。其次，承保的保险标的中大部分裸露于风险中，自身抵御风险的能力大大低于普通财产承保的标的。最后，工程在施工中始终处于一种动态的过程，而且存在大量的交叉作业，各种风险因素错综复杂，使风险程度加大。

（2）工程保险的保障具有综合性。

工程保险针对承保风险的特殊性所提供的保障具有综合性。工程保险的主责任范围一般由物质损失部分和第三者责任部分构成，同时，工程保险还可以针对工程项目风险的具体情况提供电气事故、延期完工导致的利润损失、运输过程中、工地外储存过程中、保证期过程中各类风险的专门保障。

（3）工程保险的被保险人具有广泛性。

普通财产保险的被保险人的情况较为单一，通常只有一个明确的被保险人。而由于工程项目建设过程中可能涉及的当事人较多，关系相对复杂，包括业主、主承包商、分包商、设备和材料供应商、勘察和设计师、技术顾问、监理人、投资者、贷款银行等，他们均可能对工程项目拥有保险利益，成为被保险人。

（4）保险工程的保险期限具有不确定性。

普通财产保险的保险期限是相对固定的，通常是一年。而工程保险的保险期限一般是根据工期确定的，往往是几年，甚至几十年。与普通财产保险不同的是工程保险其保险期限的起止点也不是确定的具体日期，而是根据保险单的规定和工程的具体情况确定的。为此，工程保险通常采用的是工期费率，而较少采用年度费率。

（5）工程保险的保险金额具有变动性。

工程保险与普通财产保险不同的另一个特点是财产保险的保险金额在保险期限上是固定不变的，而工程保险中物质损失部分针对的标的实际价值在保险期限内是随着工程建设的进度不断增长的。所以，在保险期限内，不同时点的实际保险金额是不同的。

3. 工程保险的险种

目前主要的工程保险险种见表1.1：

表1.1 工程保险险种

财产损失部分	①建筑工程一切险；②安装工程一切险；③建筑工程营业中断险；④施工用机具险；⑤货物运输险责任保险；⑥延期完工利润损失险
责任保险	①建筑（安装）工程第三者责任险；②机动车辆第三者责任险；③专业人士职业责任险；④雇主责任险；⑤建设工程环境污染责任险；⑥保证期责任险
保证保险	①履约保证保险；②招标保证保险；③支付保证保险；④维修保证保险；⑤预付款保证保险；⑥工程质量责任险（十年责任险和两年责任险）
信用保险	商业信用保险
人身保险	人身意外伤害险

由表1.1可知，建设工程保险涉及险种范围相当广泛。从法律属性上看，建筑工程一切险与安装工程一切险都是一种财产损失保险，如果附加第三者责任险，则成为集财产损失保险与责任保险于一体的综合性财产保险；工程质量责任险属于承担建设工程保修期限内缺陷维修责任的保险；人身意外伤害险是一种伤害保险；设计、监理职业责任险属于建设工程领域的职业责任保险；施工用机具险通常附加第三者责任，所以也属于融财产损失保险与责任保险为一体的综合性财产保险，以上称为广义工程保险。由此可见，工程保险是涵盖财产损失保险、责任保险、保证保险、信

用保险和人身保险的综合性保险项目。而将其中的建筑、安装工程保险及其工程保证保险（CAR、EAR、GUARANTEE）称为狭义工程保险。本研究所指的工程保险均为广义工程保险范畴。

对于工程保险中的责任保险，最主要的是其中的潜在缺陷保险或建筑工程质量保险（Inherent Defects Insurance）：承保工程建设者的责任（建设者可包括业主、施工、设计企业等多个主体，但一般由业主投保），部分国家法律要求强制投保此险种且责任期限通常为10年，因此也称为十年责任险。若建筑物主体结构因为设计、施工、材料存在潜在的缺陷，造成建筑物在使用过程中（限于竣工后10年内）损毁或危及安全使用，建设者应承担修复或赔偿的责任，保险人负责赔偿。法国、意大利、芬兰、澳大利亚和美国、加拿大的部分州、省等西方发达国家（地区）有强制投保该保险的立法。这些国家（地区）通过引入此保险，保险人承担责任，并通过派出或委托专业技术人员复查工程质量，以达到控制风险的目的。例如，法国立法规定所有工程的建设者必须保证主体结构10年内、附属设备2年内不发生问题，从1978年起法国立法进一步规定开发商或业主必须为此项责任投保保险。法国是此保险最大的市场，每年保险费约20亿欧元。其他国家的立法大多只强制要求部分工程投保，如在西班牙强制投保的范围是公用建筑物和居住用房，在芬兰强制投保的范围仅是住宅。在中国此险种刚刚起步，国家住宅产业化促进中心与中国人民财产保险公司刚刚联合开发的“住宅质量保证保险”就是在这方面的尝试，现在其运作范围仅限于少数经过国家A级质量认证的住宅，尽管如此该险种的发展还是一度中断。

（二）工程保险起源和发展

工程保险是财产保险中一个较为年轻的险种，发展历史远远短于海上保险和火灾保险。“二战”后由于欧洲主战场大规模重建，工程保险才得以飞速发展，目前已经成为国际上有相当规模和影响力的险种。

第一张安装工程保险的保单是大西洋保险公司和安联保险公司于1924年在德国推出的。第一张建筑工程保险的保单是1929年签发的，承保的是当时在伦敦泰晤士河上建造的Lambeth大桥工程。但严格地讲这并不是一份真正的建筑工程保险的保单，它仅仅是在原有火灾保险保单的基础上做了一些针对建筑工程特点的批改和扩展，就其原型和特征而言仍未摆脱火灾保险的模式，只能说是一份建筑工程保险保单的雏形。真正的建筑工程保险保单是1934年在德国出现的，这种保单已从根本上区别于传统的火灾保险保单，它主要针对现代工程规模宏大、技术复杂、造价昂贵的特点，有针对性地制订保障方案，并逐步形成自己独立的体系。尽管在此之后的一段时间里，工程保险从技术上逐步完善，但当时受经济发展情况的限制，客观上并未形成对工程保险的一定规模的市场需求。此后随着世界各国经济发展对工程保险的客观需求，经过近一个世纪的不断发展，工程保险取得长足的进步，已经成为财产保险中最为重要的一员，影响力和重要性不言而喻。

根据国际工程保险人协会（IMIA）的统计资料表明①，2007年全球广义工程保险的毛保费收入为10270百万美元，其中建筑安装工程及其保证保险为3864百万美元，建筑工程质量保险（潜在缺陷保险）为543百万美元；2008年全球广义工程保险的毛保费收入为10570百万美元，其中建筑安装工程及其保证保险为4121百万美元，建筑工程质量保险为408百万美元；2009年全球广义工程保险的毛保费收入为10226百万美元，其中建筑安装工程及其保证保险为4122百万美元，建筑工程质量保险为258百万美元（见图1.1和图1.2）。

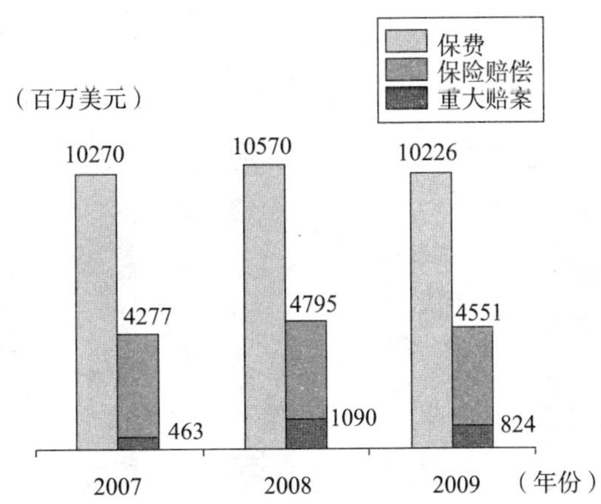

图1.1 2007～2009年全球工程保险毛保费收入

注：重大赔案≥100万美元。

① 源自The International Association of Engineering Insurers IMIA官方网站2010年数据。

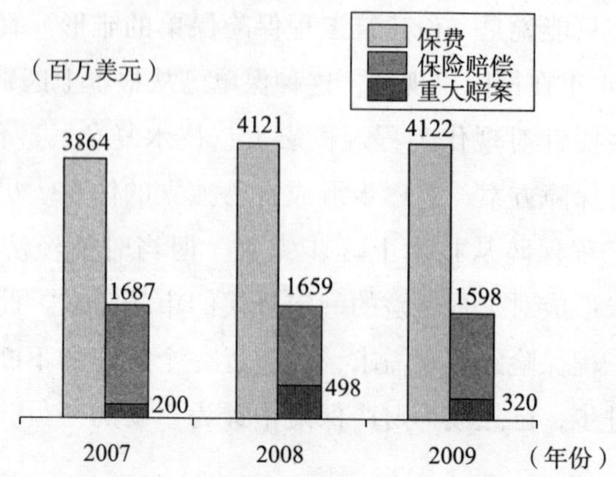

图 1.2 2007～2009 年建筑安装工程及其保证保险毛保费收入

注：重大赔案≥100 万美元。

2007～2009 年的毛保费收入和满期赔付率呈现出比较稳定的态势，而重大赔案（指 100 万美元以上的赔案）的绝对数和占比稳中有升。如图 1.3 所示为 2005～2009 年重大赔案件数（其中 IDI 为建筑工程质量保险，EE 为电气设备保险，LoP 为利润损失保险，CAR、EAR、G 为建筑安装工程及其保证保险，M、BE、O 为机器损坏保险、锅炉爆炸保险和其他）：2005 年重大赔案为 121 件，2006 年为 177 件，2007 年为 127 件，2008 年为 241 件，2009 年为 202 件，呈稳中有升趋势。

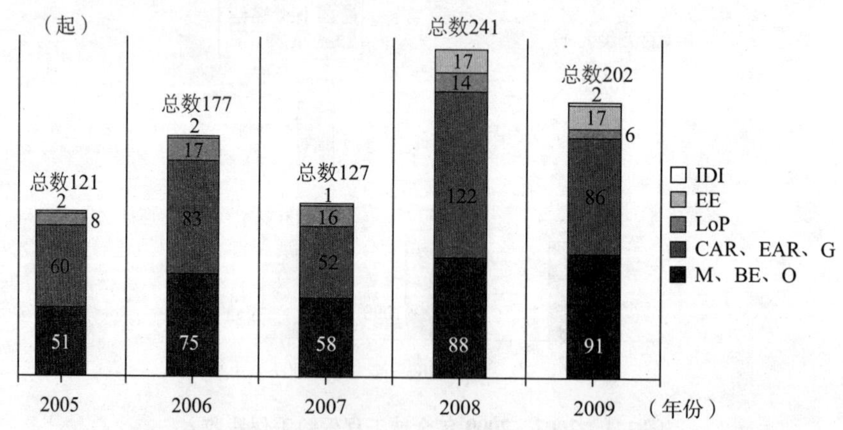

图 1.3 2005～2009 年全球工程险重大赔案件数

从经营情况分析，全球平均的满期赔付率在 2007 年为 41.6%，其中重大赔案为 4.5%；2008 年为 45.4%，其中重大赔案为 10.3%；2009 年为

44.5%，其中重大赔案为8.1%（见图1.4）。各国工程保险的发展情况差异较大，从2009年的数据来看，一些国家的工程保险业务发展良好，如美国，其中2009年的满期赔付率（未考虑建筑工程质量保险）为29%，三年来基本没变，且都在30%以下，但也有一些国家的业务发展不佳，如德国，满期赔付率（未考虑建筑工程质量保险）基本都维持在70%以上。

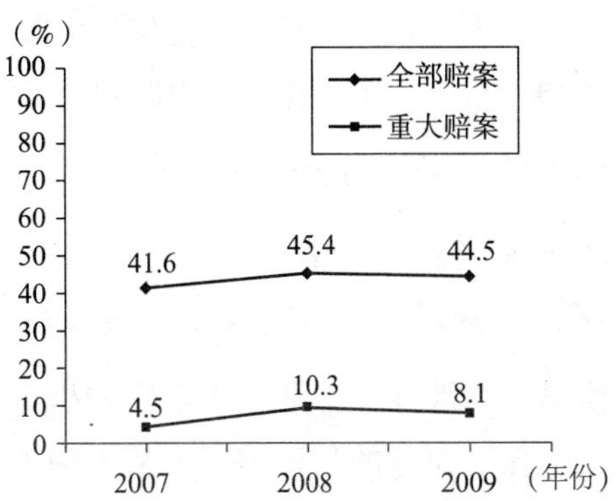

图1.4 2007~2009年全球工程险满期赔付率

根据统计资料，按2009年广义毛保费收入（未考虑建筑工程质量保险）排名前十名的国家是：德国、美国、日本、意大利、英国、西班牙、俄罗斯、法国、土耳其、荷兰（见图1.5）。

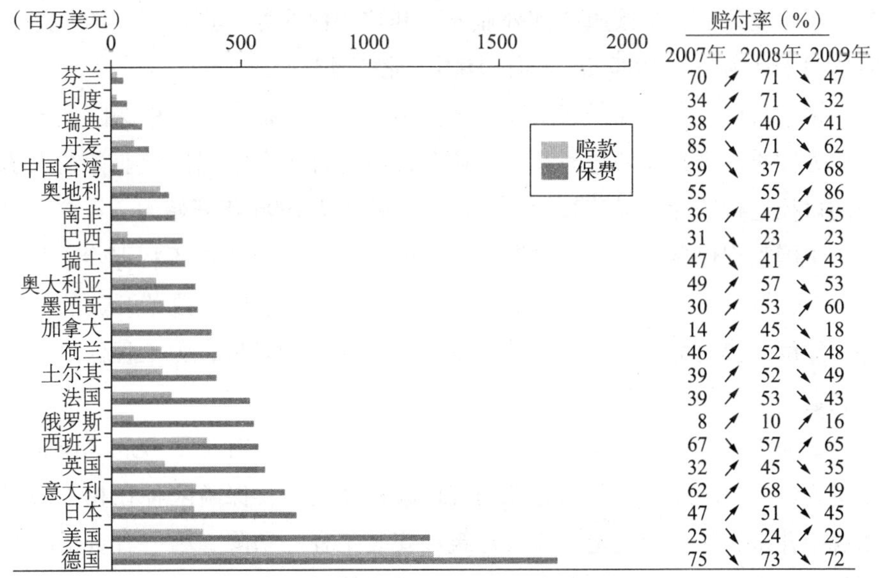

图1.5 2009年全球工程保险广义毛保费收入

实践证明，国际建筑工程市场发展至今，建筑工程保险已被公认为保障建筑工程质量和安全最为有效的方法之一。工程保险在国际建筑业市场是十分通行的做法。美国建筑师学会 AIA 合同、英国工程师学会 ICE 合同、国际咨询工程师联合会 FIDIC 合同等通用的标准工程合同都对工程保险有明确的规定。进行国际招投标的项目，100% 都需要工程保险，西方发达国家的业主对各种大大小小的工程都会投保。中国从 1979 年起规定外资工程项目、对外工程项目等，工程保险的保险费可以列入工程概算。

（三）中国工程保险发展的历史进程与机遇

1. 中国工程保险发展的历史进程

根据《中国保险史》的记载，中国是从 1973 年开始经营工程保险业务的，当时工程保险是作为涉外保险业务中新险种出现的，但没有更加详细的资料介绍当时工程保险业务的具体情况。从中国工程保险的发展历史看，可以将其划分为三个阶段，即涉外业务经营阶段、涉外业务与国内业务并存经营阶段、全口径经营阶段。

第一阶段是涉外业务经营阶段。这个阶段可以追溯到 1973 年。

第二阶段是涉外业务与国内业务并存经营阶段。出现这种“并存经营”现象的主要原因是当时中国保险市场唯一的经营主体——中国人民保险公司的业务管理是按照“涉外业务”和“国内业务”进行划分的。这个阶段通常认为是从 1980 年全面恢复国内业务时开始的。

第三阶段是全口径经营阶段。这个阶段的突出特点是工程保险不再按照业务性质划分为涉外业务和国内业务，而是将所有工程保险业务纳入统一的口径进行统计、经营和管理，这个阶段是从 1996 年开始的。

中国工程保险的大发展时期是从 2003 年开始的。中国工程保险之所以能够在较短的时间内取得长足的进步，主要是得益于中国改革开放的大形势。经济的快速增长拉动了基础建设“井喷式”的发展，为工程保险的发展创造了有利的条件和环境。

目前中国有关工程保险的法律体系中，只规定了对于从事危险作业的施工人员，要求建筑商购买意外伤害保险，其他工程保险险种在相关法律法规中并未作强制的规定，造成建筑和安装工程一切险、第三者责任险等都处于放任自流状态。中国重新修订的《建筑工程施工合同范本》虽对建筑安装工程一切险、人身意外伤害险和施工机具险设置了相应条款，但是在实际中一直未能得到推广和普及。目前，中国除了推行强制性施工人员团体意外伤害保险外，其余险种皆是自愿投保的，包括建筑安装工程一切险及第三者责任险和雇主责任险等，因而工程保险投保率很低，限制了工程保险市场的发展。

2. 中国工程保险发展的机遇

建筑经济的迅速增长，推动了工程保险的不断发展；反过来，工程保险的发展又推动了建筑业和国民经济的迅速提高，二者相得益彰。

现阶段，一方面，中国建设工程和建筑业对工程保险的迫切需求，建筑业的进一步发展离不开工程保险的保障与支持，这为工程保险的推广提供了广阔的空间；另一方面，中国工程保险业的发展又会推动中国建筑业的飞速发展。当前中国保险业正处于飞速发展的关键时期，面临着国家对基础设施投资力度的不断加大以及外资保险的大举入侵，如果中国民族保险业没有抓住这次契机，花大力气提高技术与服务水平，面对保险市场的开放就无法与外国保险组织抗衡，从而丧失本来就基础薄弱的国内工程保险市场的优势地位（廖雄华，2002；李明，2003；张凤华，2004）[52][53][54]。

（1）中国建设工程和建筑业的发展为工程保险提供了广阔的发展空间。近年来，中国在交通、航天、能源、生产制造以及城市化进程中不断加大投资力度和规模，各地工程建设规模日益扩大，工程建设数量和重大项目众多，如南水北调工程、轨道交通工程、高速铁路、高速公路、核电站、火电站、风力发电站、水电站、石油管道、石油钻井平台、航天发射、市政工程、在建生产线安装工程以及房屋建筑等在建工程，对工程保险产生巨大的需求。中国在建筑工程领域取得的成就以及建筑业的顺利进行，都需要工程保险的支持。

①在国家4万亿元投资的背景下以及城市化推进过程中，在建工程都离不开工程保险的支持。

②投融资主体多元化和项目法人责任制的实行使工程风险不再由国家承担，建设工程中各方的法律责任和经济利益更明确，因此各方的风险意识和保险需求将大大增强。

③工程保险通过市场化的手段可促进建筑市场“优胜劣汰”机制的形

成，使质量差的建设方无法购买保险或只能用高费率购买保险，从而在竞争中处于劣势。这样就形成了第一道质量保证屏障；保险组织售出保险单后实施的全面监督等风险管理措施则是第二道屏障。这两道屏障客观上可最大限度地保证施工安全，也是根治中国建筑市场质量顽症的有效方法。

④中国加入 WTO 后建设工程和建筑业与国际接轨以及开拓国际市场都离不开工程保险的运作。国际上工程保险制度已运行多年，英、美、德、日等发达国家通过政府立法、银行、市场的三重强制使得工程保险的投保率很高。例如英国 98% 以上的工程都购买了工程综合险；美国投保建筑工程险的工程也几乎达到了 100%。在国际工程承包中，工程保险作为承包商的一项义务也是强制性的，工程保险在国际建筑市场上已成为一项国际惯例。

（2）中国民族保险业和国内建筑业应对国际竞争的需要。从整体来看，目前中国的保险市场，民族保险业还是处于优势。但是“入世”后随着保险市场开放程度的不断加大，在技术和服务水平以及资金实力上处于劣势的民族保险业面临更加巨大的挑战。对于本来就是中国民族保险业业务发展链条上的薄弱环节之一的工程保险来说，国外保险公司很容易凭借其多年经营工程保险积累起来的先进的技术和管理经验，抢占国内的工程保险市场份额。更何况现阶段工程项目的国际性大大增强，国外保险公司与国际建筑市场早已通过长期合作建立了良好关系，中国民族保险业的本土优势难以发挥作用。

所以，民族保险业如果不马上加大对工程保险的研究与市场投入，很容易丧失工程保险市场目前的份额及以后工程保险的拓展机会。如此导致的直接后果之一是大量的工程保险保费进入国外的保险经纪公司、保险公司和再保险公司。

同样，中国建筑业目前在国外工程承包中起着越来越重要的作用，中国已在非洲、东亚和南亚等地承揽了较多大型工程建设的总承包业务，这无疑加速了中国建筑施工承包企业的国际化项目管理水平，在国际工程承包中取得了一席之地，提高了施工承包企业的国际地位和形象。然而，在国际工程施工招投标过程中，往往工程保险是必不可少的先决条件，也是施工承包企业分散自身风险的有效手段，因此，为促进中国施工承包企业在国际建筑市场的进一步稳固和发展，工程保险是不可或缺的。

（四）工程保险的功能和作用

从发达市场经济的经验来看，保险具有分散和转移风险、经济补偿的功能，大型建筑工程也必须求助于保险来保护弱势群体、减少事故的发生、确保工程质量、补偿事故损失。

1. 保护弱势群体

由于工程建设期间的设计错误、原材料缺陷或施工工艺不善造成的建筑物缺陷在工程投入使用后引发的建筑物漏水、裂缝、倾斜或倒塌事故，会对使用者或消费者造成无法承受的经济负担，所以，消费者一方面希望能在设计和施工期间防止建筑物发生严重缺陷，另一方面希望在建筑物寿命期出现质量事故或发生质量风险后能够尽快找到修复资金。工程质量保险可以通过法律规定，要求建设单位在工程建造阶段购买相关保险，以保障工程使用期间的缺陷修复赔偿问题，从而能够保证房屋消费者即便在工程质量责任方破产、偿付能力不足或逃逸的情况下也能够得到保险公司的修复费用赔偿。例如在商品住宅工程质量领域，当商品住宅出现质量事故，消费者的利益遭受严重损失时，由于工程质量纠纷十分烦琐，消费者为保障自身的合法利益，不得不与开发商、承包商、监理和设计等工程相关方进行旷日持久的拉锯战，可能贻误工程修复的最佳时机。如果有了工程保险作保障，工程修复所需的款项会得到及时落实，消费者的利益得到有效保障，有利于工程风险成本最小化和社会效益最大化。

2. 有利于减少事故的发生

实施风险评价与保险活动，有利于减少灾害事故的发生。保险工作的开展，对于防灾防损工作有着十分积极的意义。因为保险公司作为独立核算的经济组织，以盈利最大化为目的，从其本身和投保人的利益出发，自然很关心如何避免险情的发生。因而在履行合同中，总是千方百计采取相应的措施来防止和减少灾害事故的发生，当险情发生后，则竭力缩小险情造成的后果。保险公司作为经营风险的特殊企业，如果防灾防损工作做得好，保险公司可以降低成本增加经济效益。保险公司从自身的利益出发，总是力求减少险情发生的频率和程度。《中华人民共和国保险法》规定，保险人可以对保险标的的安全状况进行检查，及时向投保人、被保险人提出消除不安全因素和隐患的书面建议。这一背景，是进行大型建筑工程风险管理的法律依据和现实基础。

风险管理是投保人和承保人共同重视的一个问题，工程业主（投保人）通过经济方式将风险转嫁给保险公司，是为了在遭受损失时得到经济补偿。但由于工程事故造成的工期延长，以及其他间接损失一般并不包括在保险责任范围内。因此对工程各方来说，投保了建筑工程保险后，只是化解了风险，并不等于没有风险。而从保险公司经营风险业务角度来看，风险管理则显得更为重要。良好的风险管理可以降低事故损失，提高保险经济效益。因此，保险公司在承保后，一般都会为建设方提供优质的风险管理服务，以减少施工过程中的潜在风险。

可以看出，工程保险是工程风险管理内容的一部分，保险双方通过工程保险，建立以防灾防损和转移风险为中心，实现双方利益共赢的合作。

3. 确保工程质量的客观要求

大型建筑工程多属于高风险工程，针对目前中国工程建设事故层出不穷的现实，对大型建筑工程实施风险管理具有重要的现实意义。由于目前中国的设计单位、施工单位及项目管理单位对于风险分析和风险管理知识知之甚少，而保险公司作为经营风险的企业，整天同风险打交道，具有丰富的关于各类风险的综合知识。保险经营活动建立有严格的核保核赔制度，承保前进行风险评估，出险后进行查勘理赔，并建立有详细的灾害和损失档案，积累了丰富的灾害资料。如果工程从设计就开始投保，法律赋予保险方介入投保方的风险管理权力。保险人根据积累的大量的风险知识及经验和专业人士一起，能迅速识别工程中的风险因素，然后采取切实可行的措施，减少风险发生的频率及受损后的破损程度，确保工程质量。

4. 及时弥补损失，保护公共利益

建设工程在工程建设期间由于自然灾害或者意外事故遭受损失后，在2009年10月新《保险法》规定下，保险公司需要在一个月内通知保险责任是否成立，书面通知被保险人，并在保险责任成立的前提下在较短时间内，必须将保险赔款支付给被保险人。如果在保险责任无法明确的情况下，保险公司迫于《保险法》的强大压力，也会及时预付赔款，然后在事故责任明确后再向事故责任方进行追偿。同样在工程竣工后进入保证期，如果出现质量责任事故，保险公司也有义务按照合同约定进行理赔，给付保险赔偿款。由此可见，保险可以真正为工程事故起到保驾护航的作用，使工程建设得以顺利实施。

（五）工程保险供给现状

近十年来，中国财产保险公司数量有了明显的增长，从1998年的13家（含外资）增长到2010年底的53家，其中中资产险公司34家，外资产险公司19家（保监会统计数据）。从表1.2可以看出，市场主体数量的增加、承保能力的提高带来了工程保险供给能力的巨大提升，也带来了激烈的市场竞争，大大推动了中国工程保险供给市场的发展。但从大型项目工程保险市场来看，人保财产、平安财产、太平洋财产这三大保险公司在工程保险市场上占主导地位。这主要是由于工程保险对保险人的承保能力、承保技术和再保险等技术体系有较高的要求，中小型财产保险公司在短期内很难建立工程保险技术体系，短期内这一现象很难得到改善。大型公司的承保能力在30亿元左右，而中小型公司仅10亿元左右，面对大型工程项目如果中小型公司没有很好的再保险渠道，则很难与大型公司竞争。

表1.2 2007年中国主要非寿险公司承保能力比较

公司名称	原保费收入（亿元）	市场份额（%）	资金+公积金（%）	最大自留保费（%）	最大自留率（%）
中国人保	885.92	42.46	204.74	818.96	92.44
中华联合	183.11	8.78	15	60	32.77
太平洋	234.33	11.23	54.74	218.96	93.44
平安	214.5	10.28	43.14	172.59	80.46
华泰	25.64	1.23	21.24	84.99	331.54
大众	12.80	0.61	8.39	33.59	262.41
华安	8.31	0.40	49.48	197.95	2381.00
永安	55.33	2.65	7.05	28.21	50.98
永城	15.06	0.72	10.61	42.47	282.13
渤海	7.42	0.36	5.46	21.85	294.40
安邦	57.52	2.76	37.94	151.79	263.89
大地	100.28	4.81	16.91	67.64	67.45

续表

公司名称	原保费收入（亿元）	市场份额（%）	资金+公积金（%）	最大自留保费（%）	最大自留率（%）
天安	73.25	3.51	10.88	43.55	59.46
阳光	41.53	1.99	14.59	58.38	140.56
都邦	26.75	1.28	21.90	87.62	327.52
华农	0.29	0.40	2.11	8.45	2964.26
太平	34.14	1.64	13.91	55.64	163.01
合计	1976.19	95.11	538.17	2152.70	108.93

资料来源：根据保监会数据和《Property Market in China》整理，截至2007年。

由于中国工程保险其保险标的的保险金额越来越高，国内承保的工程项目越来越多，国内工程保险的累计赔偿责任逐渐增加，国内财产保险公司的承保能力明显不能满足大型工程项目的需求。根据新《保险法》对保险公司有最大自留额的限制性规定：每一危险单位的最大净自留额，不能超过注册资本金和公积金之和的10%。根据再保险机构提供的资料，国内财产保险公司中的工程险最大自留金额在5亿元，合约再保险约25亿元，承保能力大概在30亿元；国内十几家主要财产保险公司累计承保能力在200亿元；对于一些特殊行业险，往往不被纳入再保险合约，需要单独安排临时再保险。也就是说，一般情况下，单一危险单位超过30亿元的工程项目就需要安排分保或共保，而国内共保可以完成的最大工程项目在200亿元，超过200亿元的项目必须在国际再保险市场上安排分保。近期中国建设的大型核电站和石化工程总投资往往超过了200亿元，部分工程项目单一危险单位超过了300亿元，国内的承保能力显然无法完成保险安排，必须分保到国际再保险市场。而对于国际大型保险公司来说，往往一家公司注册资本就高达二三百亿美元，大型工程保险的承保能力也在20亿美元以上，它们一般都具备很强的承保能力和工程保险技术。

20世纪90年代至今，中国工程保险制度得到了不断的完善。目前已初步形成包括意外伤害险、建筑工程一切险（CAR）、安装工程一切险（EAR）、工程质量保证保险和相关职业责任保险等在内的工程保险体系，形成了有中国特色的工程保险体系雏形。现正在积极探索工程保险制度的基本模式，进行完善工程保险制度的工作。特别是“人保1995年版”工程保险条款的制定和实施，在国内市场也广泛使用，得到了国际再保险市场的认可，成为中国工程保险市场的标志性条款。

（六）工程保险消费现状

由于中国工程保险市场发展时间较短，关于工程保险业务记录的数据较少。表1.3为中国人民保险公司国内工程保险业务1986～1995年经营的基本情况，表1.4为1996～2004年中国人民财产保险公司的工程保险保费收入（王和，2005）[55]。

表1.3 中国人民保险公司国内工程保险业务1986～1995年经营的基本情况

年份	区域	承保件数（件）	保险金额（元）	保费（元）
1986	城市	480	86095000	228000
	农村	14	6167000	24000
1987	城市	3596	558910000	1302000
	农村	2	70000	
1988	城市	3011	826597000	2664000
	农村	121	11499000	30000
1989	城市	6102	1412927000	3298000
	农村	6368	161171000	623000
1990	城市	468	1464258000	2990000
	农村	1651	56330000	235000
1991	城市	682	1635732000	4237000
	农村	1953	65825000	345000
1992	城市	1113	3010293000	9522000
	农村	1922	94740000	375000
1993		3237	18586513000	44284000
1994		7845	26127677000	65796000
1995		6522	23646624000	68276000

注：1987年数据无统计记录。

表1.4 1996～2004年中国人民财产保险公司工程保险毛保费收入

年份	承保件数（件）	保费收入（元）
1996	1069877	319564000
1997	126261	381878000

续表

年份	承保件数（件）	保费收入（元）
1998	142829	334279000
1999	83291	338868000
2000	8248	299700000
2001	8135	348735000
2002	6463	386257000
2003	7511	578389000
2004	8269	690936000

表 1.5　1998 ~ 2008 年中国工程保险毛保费收入

年份	保费（亿元）	赔款（亿元）	非寿险保险密度（美元）	非寿险保险深度（%）
1998	6.03	1.92	6.449	0.892
1999	5.66	2.23	5.933	0.887
2000	6	2	5.7	0.67
2001	6.26	3	6.09	0.887
2002	8	4	9.2	0.96
2003	12	5	11.2	1.03
2004	16	6	12.9	1.05
2005	23	13	15.8	0.92
2006	25	9	19.4	1
2007	32	10	25.5	1.1
2008	39.2	13.8	33.7	1

资料来源：来自《中国统计年鉴》、中经网数据库以及瑞士再保险期刊 SIGMA①②。

表 1.5 为中国 1998 ~ 2008 年的工程保险毛保费收入及非寿险的保险密度和保险深度。近十年来，中国一大批重大工程项目都运用工程保险方式转移工程风险，这一方面与大型工程业主风险管理意识的提高有关，也与保险业推动工程保险发展，特别是与保险经纪行业推动分不开的。重大工程项目的保险发展呈现了以下特点：

一是投保项目越来越多，投保金额不断被刷新。2008 年，总投资

① SIGMA, Published by Swiss Reinsurance Company Ltd. Economic and research & consulting P. O. 8022 Zurich Switzerland.

② 中国工程保险的保险密度和保险深度无记录，表中为非寿险的保险密度和保险深度。

2209.4亿元的京沪高速铁路、项目总投资1422亿元的西气东输二线工程、中广核电站项目投资高达1000亿元相继进行了保险和再保险安排，中国工程保险进入了一个超大保单的新时代。

二是投保的行业越来越广泛，从高风险的地铁隧道到公路、铁路，从大型石化基地到海上石油平台，从常规电站到核电站、风电站，可以说，大型基础设施购买工程保险已经成为业主的必要选择。

三是投保地域扩大，从东部沿海地区到西部内陆省份，从国内工程项目到海外工程项目，从陆上到海上、太空，中国工程保险已经开始参与中资公司的海外承包的工程项目，为中国企业开拓国外工程市场和开发海外油气资源提供了风险保障。

四是保险经纪人在工程保险市场发挥了重要作用，国内大型工程保险大多有保险经纪人的参与，一批以工程险为经营方向的保险经纪人发展迅速，表1.6中的重大工程保险项目基本都有保险经纪人的参与。

表1.6　近年来的重大工程保险项目

地铁、隧道	北京、上海、天津、重庆、杭州、南京、哈尔滨、长春、成都、昆明、武汉、长沙、西安、沈阳、成都、深圳、广州、宁波、苏州、无锡、郑州，武汉、上海长江隧桥
高速公路、桥梁	四川绵遂高速公路、甘肃天宝高速、杭州湾大桥、京津高速、象山港公路大桥及接线工程
高速铁路	京沪高铁、哈大高铁、京石高铁、宜万铁路、海南东环铁路、长吉城际铁路
石油化工、钻井平台	福建联合、惠州炼油、广西石化、独山子石化、勘探三号、勘探四号海上钻井平台、福建、大连、江苏、广东LNG油气输送
管道、管线工程	南水北调、西气东输二线、上海洋山港液化天然气接收站及管道项目、兰州—郑州长管道工程
核电站	阳江、宁德、中广核“6+X”新项目、田湾、秦山、大亚湾、台山、芜湖、陆丰、福清
水电站、火电站、风力发电	向家坝、溪洛渡、二滩、三峡、锦屏、小湾水电站、国华风力发电、中电投所属电厂、浙江青田五里亭水利枢纽水电站
楼宇	上海中心、天津中钢大厦
其他	奥运会工程险、世博会工程险、空中客车工程险、上海IIP金山化工原料项目
海外项目	苏丹油气管道、印度尼西亚电厂、俄罗斯钢厂

注：根据近年来工程保险项目整理。

应当清醒地认识到，目前中国工程保险的发展仍属于需求拉动型，快速发展主要得益于近十年来国家在能源、交通等基础建设领域的大力投入。中国工程保险虽然有了较大的发展，但总体普及程度仍然很低，发展显得十分不均衡，承保的业务大多集中在一些大项目、外资项目，而大量的中小型项目的投保比例很低。导致中国保险企业的经营风险较为集中，经营的不确定性仍较大。更为严重的是，在中国工程保险快速发展的同时，由于恶性竞争等因素的影响，中国工程保险的费率不合理，同时，缺乏必要的技术手段控制承保风险，这些因素都制约了工程保险消费市场的健康发展。有关资料表明，国内投资项目的投保率低于30%，而发达国家建设工程投保率几乎接近100%。中国非寿险的保险密度和保险深度明显低于世界平均水平，与发达国家相比差距更大，中国财产保险尤其是工程保险依然处于较低的发展阶段。

三、本研究的主要工作

（一）提出问题

目前中国工程建设的规模迅速扩大，形成了对工程保险强大的需求引擎和推动力。国内财产保险公司也相应提供了一些工程保险产品，然而就中国目前的现实情况来看，工程保险市场发展失衡——市场需求发展迅速，而有效供给则严重不足，导致消费市场规模难以扩大；而且目前的工程保险制度也面临着如何进一步发展和创新的问题。

在消费者行为研究领域，消费者购物决策一直是学者们十分关心的问题。在已有的工程保险研究中，对制度的研究较为重视，而从消费者行为学、市场营销角度，对顾客感知价值、消费意向、消费决策的研究却略显不足；即使有研究，也是局部割裂的，较少有整体系统的研究。而且大多数学者的研究局限于定性分析，定量分析不多，特别是基于消费者行为学视角的实证研究较少。与此同时，非寿险业的营销正在逐步从以企业推销为主导的模式向以顾客价值为主导的模式转变，以顾客为中心，关注顾客的利益，研究顾客需求，为顾客创造优异的价值，获取顾客的认同变得尤为重要。

因此，了解和把握中国工程保险市场消费者的真实需求和行为规律，探求影响工程保险消费者决策的因素，并以此为依据改善保险产品供给、完善工程保险制度，是非常必要而且紧迫的。

对于市场经济体制下的工程保险行业，最终必然是以提高消费者对产品的价值感知和满意度为立足点，来提高行业竞争力的。鉴于此，本研究在现有研究的基础上，对影响工程保险消费因素的相关理论进行检索和梳理，并进行了进一步的深入探讨，对影响中国工程保险消费行为的因素加以系统研究，建立模型并进行实证检验。本研究将关注消费者在对工程保险需求的驱动下，在消费环境和保险意识的影响下，基于对工程保险产品本身价值的感知，对工程保险所采取的积极或消极的消费行为（决定购买、犹豫或拖延、放弃）及影响机理。本研究要解决的问题主要是发掘影响工程保险消费的主要因素，寻求解决工程保险有效供给的方案，以提高工程保险的消费规模；并以此为依据完善工程保险制度，为工程保险制度的改革和创新提供管理启示与政策建议。

（二）研究内容、方法和技术路线

1. 研究内容和方法

本研究在系统总结中国工程保险需求与消费影响因素的研究成果基础上，基于感知价值理论、计划行为理论等，建立分析框架，提出研究假设，通过问卷调查搜集数据，再通过数据分析验证研究假设，从而描述消费者购买工程保险的行为，并解释感知价值、现有工程保险制度、市场环境、技术环境、保险意识等对消费者购买工程保险决策积极或消极的影响机理，希望通过研究发现和解释导致中国工程保险消费滞后的主要原因。

本研究在对影响中国工程保险消费意向与消费行为的因素进行分析和实证检验的基础上，提出了对保险经营企业的管理启示和政府相关决策部门的政策建议，以及改革中国工程保险制度的构想。

本研究首先以比较研究的方法，在对发达国家工程保险成功经验梳理的基础上，通过对国内外工程保险发展现状和特点的比较，分析了中国工程保险与国外的差距以及发展滞后的原因。

需求是消费的前提和基础，只有有效的需求才有可能产生消费意向与消费行为，因此研究影响工程保险需求的因素有助于更加准确地把握消费者的行为决策。鉴于此，本书随后基于新制度经济学的经典理论，运用计量经济学方法，利用 EViews5.0 计量学软件，对中国工程保险复业以来的有效需求影响因素进行了计量学检验，揭示了影响中国工程保险需求的因素，并对中国工程保险保费增长与赔款增长的互动关系进行了实证检验，以判断工程保险与建筑业之间是否存在良性互动关系。

顾客价值一直是营销界学者持续关注和研究的问题。目前的中国保险业正面临着从传统的以企业推销为导向的保险营销模式，向以顾客价值为导向的营销模式的转变与创新。以顾客为中心，研究顾客需求，为顾客创造优异的价值，获取顾客的认同，才能使企业获得更强的竞争优势，促进行业长效健康的发展。因此，本研究接下来以消费者计划行为理论为基础，以顾客感知价值为导向，在系统总结中国工程保险有效需求与消费影响因素研究结论的基础上，结合国外工程保险发展的有益经验，尝试从消费者行为学的视角，对影响中国工程保险消费行为的因素加以系统研究。确立了工程保险的消费环境、感知价值、保险意识对消费意向与消费行为的影响关系，建立了工程保险消费行为影响因素三阶模型；随后，提出了相应的研究假设。为验证模型的合理性以及检验假设的拟合程度，本研究在结合前人研究成果基础上，对每一个变量进行测量，按照标准的量表设计方式精心设计了问卷并进行数据收集，在实证结果的基础上对各个研究假设进行实证检验，并得出研究结论。在整个研究过程中，力图采用规范分析和实证描述相结合的分析方法。一方面，对现有研究文献做出客观评价，并借鉴前人研究成果来构建本研究模型；另一方面，严格按照实证研究方法步骤对收集的数据进行处理，以反映出各个变量之间的客观规律。最后，在以上研究结果的基础上，提出了几点管理启示和对中国工程保险制度进行改革的构想。

2. 技术路线

技术路线如图 1.6 所示。

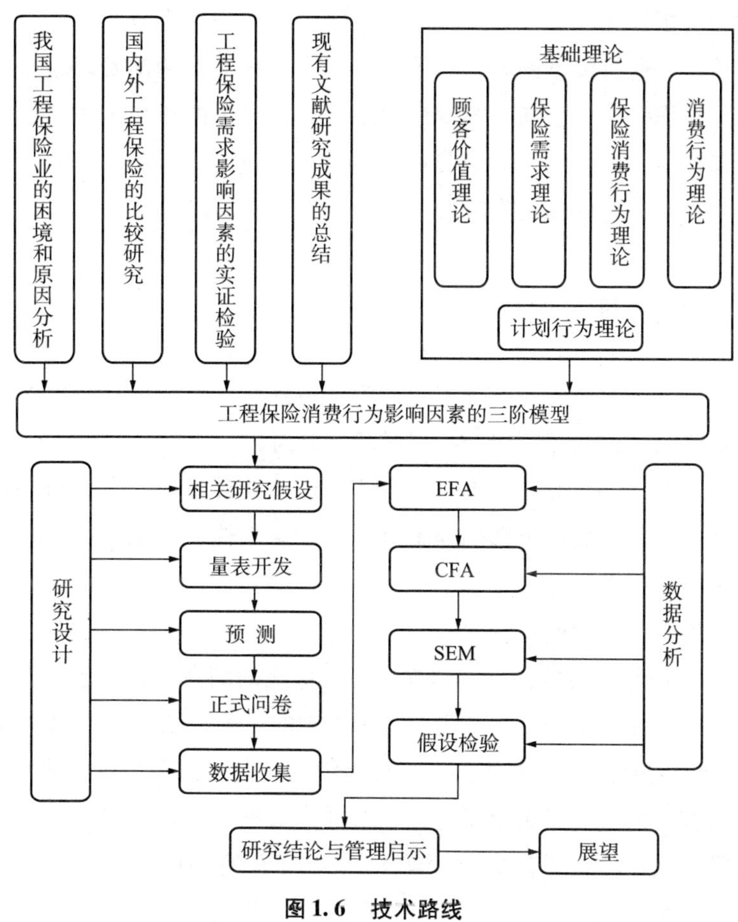

图1.6 技术路线

四、研究特色与创新之处

在研究思想上：

本研究是基于计划行为理论的工程保险消费行为的实证研究，丰富了现有文献有关保险消费行为的研究，特别是工程保险消费行为的研究。

现有的对工程保险的研究主要集中在风险管理的技术和方法等方面，或者是在工程保险制度、市场理论的定性介绍和分析方面。即便是对保险消费行为的研究，也大多集中在寿险产品领域，非寿险领域的研究较少，有关工程保险的研究则更为贫乏，尤其是实证研究。本研究在对工程保险消费影响因素相关理论进行系统梳理的同时，对国内外的工程保险状况进行了比较分析，然后建立了工程保险消费行为影响因素三阶模型，并进行了实证检验。通过模型的验证结果，证明了工程保险的消费环境、感知价值、保险意识、消费意向和消费行为之间具有显著的正相关关系，消费环境、感知价值、保险意识对消费者的消费意向与消费行为都有着十分重要的影响。最后针对中国的实际国情，提出了管理启示以及改革中国工程保险体系的构想。

在研究内容和方法上：

（1）本研究首先以比较研究的方法，在对发达国家工程保险成功经验梳理的基础上，通过对国内外工程保险发展现状和特点的比较，分析了中国工程保险与国外的差距以及发展滞后的原因。

（2）运用计量经济学方法，利用 EViews5.0 计量学软件，对中国工程保险复业以来的有效需求影响因素进行了计量学检验，揭示了影响中国工程保险需求的因素，并对中国工程保险保费增长与赔款增长的互动关系进行了实证检验，以判断工程保险与建筑业之间是否存在良性互动关系。

（3）运用结构方程模型，建立了工程保险的消费环境、感知价值和保险意识对工程保险消费意向与消费行为影响的三阶模型。采用 SPSS16.0 和 LISREL8.70 分析工具，对影响工程保险消费意向与消费者行为的因素和因素间的影响关系进行了定量研究，在对样本数据检验的基础上，确定了全模型路径系数，检验了各个研究假设，得出了研究结论。

五、本章小结

本章为破题章，简要总述选题背景、研究目的与研究意义，并对研究的对象与范围进行了界定。在此基础上，介绍了研究方法、技术路线、逻辑结构以及研究内容。最后提炼出本研究特色与可能的创新点。

第 2 章

CHAPTER 2

相关基础理论研究及其进展

一、消费行为理论

（一）消费者行为的概念及其理论

1. 消费者行为的概念

学者们对消费者行为有比较清楚的定义：Nicosia（1966）[56]认为消费者行为是以非转售为目的的购买行为；Engel、Kouat 和 Blackwell（1968）[57]认为消费者行为是在取得、消费与处置产品或劳务时，所涉及的各项行为，并包括在这些行为之前和之后所发生的决策在内；Jacoby（1976）[58]认为消费者行为是决策者（包括个人、家庭、公司等）获取、消费和处置产品及服务的行为；美国市场营销协会把消费者行为定义为：感知、认知、行为以及环境因素的动态互动过程，是人类履行生活中交易职能的行为基础。

消费者行为理论建立在经济学、决策理论和心理学的基础上。以理性行为假设为前提的经济学理论，认为一个理性的消费者总是从可行的消费集里选择自己效用最大化的消费子集。该理论假设消费者是理性的经济人，即消费者无论何时何地都能理智地做出决策，或者消费者能够确切知道自己所需要的产品和服务，并且能够获取、处理和使用信息，根据其目的做出理智的谋取最大利益的选择。与消费者行为密切相关的效用理论还包含边际效用递减、排序效用以及无差异曲线等理论。

虽然在理性行为假定条件下的经济学理论对消费者行为有重要的影响，但实际上在许多情况下，消费者在进行购买决策时没有足够的时间和没有掌握充分的信息进行理性决策分析，因此无法做出效用最大化的理性决策。对此，Simon（1956）[59]提出了有限理性决策理论，认为人们经常实际上只做出令人满意的有限理性决策。这一理论经常代替早期的期望效用理论。

此外，在消费者决策领域，消费者面临的决策经常是多目标决策，例如一个消费者在选择购买一辆汽车时，他想实现的目标可能有高质量、漂亮的外观、一定的发动机马力、很好的安全性能以及合适的价格等，其中有些属性可能相互冲突，面对这样一种决策，要进行理性的决策分析对于多数普通消费者来说是十分困难的。因此消费者经常根据自己的直觉和经验而不是完全理性地做出决策。

人们（包括消费者）在凭直觉做出决策时，经常系统性地出现偏差或犯错误。Kahneman 和 Tversky（1979）[60] 提出的展望理论，用价值代替了人们决策所追求的效用，说明了人们在作决策判断时，对可能损失的价值和可能获得的收益带来的价值量的判断是不对称的，人们感知到损失带来的价值比收益带来的价值要大。此外，人们在进行决策判断时，会强调小概率事件和忽略一般或高概率事件。Kahneman 和 Tversky 的展望理论因为能够更准确地描述人们实际做出决定的行为而对消费者行为理论影响更大。

2. 消费者行为理论模型

经典的消费者行为理论都把消费者购物决策过程作为核心的部分。Nicosia（1966）[56] 提出消费者行为模式主要由四个部分组成：一是广告信息，即企业通过广告宣传等手段把产品信息传递给消费者，消费者形成自己的态度；二是调查评价，即消费者带着对产品的某种态度开始寻找有关信息，并对广告及所宣传的产品做出评价，形成购买动机；三是购买行为，即消费者在购买动机的驱使下做出决策并采取具体的购买行动；四是反馈，即消费者在消费或使用产品过程中的经验在记忆中保存起来，以指导今后的购买行为。该模式强调消费者在决策过程中通过厂商所提供的信息形成态度，消费者搜集各种相关信息产生动机，在综合考虑地点、价格、商店服务、广告和促销等因素的基础上产生购买决策。这一理论是后来的消费者购物决策过程理论的基础。

Howard 和 Sheth（1969）[61] 认为消费者行为理论的构成有输入变量、知觉过程、学习过程、外因性变量、输出变量等。输入变量包括刺激、象征性刺激和社会刺激。刺激是指物品、商标本身产生的刺激；象征性刺激是指由推销员、广告媒介、商标目录等传播的语言、文字、图片等产生的刺激；社会刺激是指消费者在同他人的交往中产生的刺激，这种刺激一般与提供有关的购买信息相关联。消费者对这些刺激因素有选择地加以接受和做出反应。知觉过程是完成与购买决策有关的信息处理过程。学习过程是形成概念的过程。知觉过程和学习过程都是在消费者内心完成，经过心理活动影响输出变量。上述因素连续作用的过程表现为：消费者收到外界物体不明朗的刺激后，进行探索，引起注意，产生知觉倾向，进而激发购买动机。同时通过选择标准的产生以及对商品品牌商标的理解形成一定的购买态度，从而坚定购买意图，促成购买行为。

类似地，Engel、Kouat 和 Blackwell（1968）[57]提出的消费者行为模型（EKB 模型）描述了消费者在外界刺激物的作用下，经过商品展示、注意、理解和记忆的信息处理过程，形成对商品的初步认识。在动机、个性及生活方式的参与下，消费者对自己的需求认识逐渐明朗化，并开始寻找符合自己愿望的购买对象。这种寻找在评价标准、信念、态度及购买意向的支持下向购买行为发展。经过对产品的评估，进入备选方案的选择阶段，然后在评价选择的基础上做出决策，进而实施购买并得到购买行为的结果，即商品和服务。最后对购买后结果进行体验和评价，得到满意与否的结论，并影响下一次购买行为。

消费者行为是人类行为之一，因而符合人类行为的一般规律。Reynolds 和 Darden（1974）[62]提出了刺激、主体心理活动、反应（SOR）模型，其中 S（Stimulus）表示对消费者的刺激，O（Organism）表示有机体或反应的主体，即消费者，R（Response）表示刺激所引起有机体（例如消费者）的反应。该理论能够对人类的一般行为进行有力的解释，因此也解释了消费者行为是各种刺激的反应。Kolter（1997）[63]对消费者刺激，反应行为模型做了进一步的解释。认为消费者接受营销和环境刺激后，受消费者心理和消费决策过程的影响，然后做出某种购买反应。消费者心理和消费决策过程存在于消费者心中，不能被外人观察到，所以将这些内心的过程称为消费者行为“黑箱”。

另一个重要的理论是消费者信息处理行为理论。信息处理理论证明消费者是通过感知、注意、解释和记忆的过程来处理信息，并将这些处理过的信息融入决策。信息处理是刺激物被感知并被转化为知识加以储存的过程。Tybout 和 Artz（1994）[64]指出，对于消费者信息处理和判断的研究在很大程度上是建立在认知和社会心理学理论方法基础上的。Bettman（1986）[65]指出消费者过去的经验与他现在的信息处理和决策行为有着密切的关系。消费者对一个产品或者服务经常有许多知识，这些知识是建立在以前的产品使用经验、广告、口碑及其他营销刺激基础上的。在信息处理中，个体的差异会影响信息处理和判断。例如，Meyers-Levy 和 Sternthal（1991）[66]的研究发现，在处理劝说信息的沟通中，男性更倾向于接受概念导向的一般化信息，而女性更倾向于接受含有更多细节的数据导向的信息。因为这些以前的知识对消费者做出最后判断的过程有重要的影响，因此受到研究者的关注。

在消费者决策研究领域，相关研究主要集中在消费者积极的购物行为方面，如信息搜集、购物态度、偏好以及购物意向等（Jacoby，Johar and Morrin（2001）[67]）。

（二）关于消费意愿与消费行为的研究

1. 消费意愿的概念

意愿的概念最早是从心理学领域借鉴而来，根据 Fishbein（1975）[68]定义，意愿是个人从事特定行为的主观倾向；经由相同的概念延伸，购买意愿即消费者从事特定购买行为的主观倾向，被证实可作为预测消费行为的重要指标。Dodds、Grewal 和 Monroe（1991）[69]在上述定义的基础上，将购买意愿定义为：消费者试图去购买某种产品或品牌的可能性。他们认为，消费者对某一产品或者品牌的态度，加上外在因素的作用，构成了消费者的购买意愿。密歇根大学的调查研究中心提供了对意愿和购买行为之间关系的最广泛的证实。中心的建立者 George Katona（1960）[70]运用消费者购买意愿来预测经济趋势。

早期行为科学理论将意愿归纳为态度结果（看法、感动、意愿）中的关键要素之一，并认为意愿可以用来预测实际行为的产生，基于此，销售人员一直都认为购买意愿为预测购买行为的主要变量。

中国台湾学者许士军（1987）[71]认为购买意愿是消费者对整体产品进行评价后，所产生某种交易作为，是对态度标的事物，采取某种行为的感性反映，消费者对相关产品评价或品牌态度，再配合外在因素的刺激作用，遂构成消费者的购买意愿。韩睿、田志龙（2005）[72]认为购买意愿是指消费者购买该产品的可能性。

2. 消费意愿的理论研究

购买意愿已被证实可作为预测消费行为的关键指标，国内外文献中有很多理论解释了消费者购买意愿的形成和作用机理。

（1）态度决定论。态度是指对某一刺激后持有的赞同或反对的情感程度。心理学认为个人对事物的态度影响其行为意愿。Sondergaard（2005）[73]通过研究公众对酶制品的购买意愿，指出消费者对酶制食品的态度是一种自上而下的结构过程：消费者对该食品的态度—技术上的整体评估—具体的风险、利得的评估—购买意愿。

（2）感知风险最小化理论。以 Bauer（1960）[74]为代表的学者们提出感知风险最小视角，即把感知风险作为消费者对购买的评价标准，其观点是，消费者会根据感知风险最小的原则做出购买决策。如果说感知利得是正向评价标准，那么感知风险则立足于逆向评价标准。由于任何决策方案的结果都不可能达到绝对满意，都存在不同程度的遗憾，因此，Bauer 等主张，消费者根据可能产生的风险最小的原则进行决策。此时，消费者通常需要估计各种方案可能产生的不良后果，比较其严重程度，从中选择情形最轻微的作为最终方案。消费者通过这种决策原则来减少风险损失，缓解因不满意而造成的心理失衡。

（3）感知价值最大化理论。感知价值研究的代表人物 Zeithaml（1988）[75]认为感知价值是消费者基于感知到的所得和感知到的所失而形成的产品效用的总体评价。这些学者认为，现代社会，消费者面对各种各样的产品和瞬息万变的市场信息，不可能花大量时间、金钱和精力去搜集制定最佳决策所需的全部信息，即使有可能，其代价也绝不值得。因此，在制定购买决策时，消费者只需要做出相对合理的选择，达到相对满意即可，其关键是以较小的代价取得较大的效用。

3. 消费行为影响因素的研究

行为倾向（Behavioral Intentions，BI）就是顾客要采取某种行为的倾向，是连接顾客自身与未来行为的一种陈述。Fishbein 曾经指出：对顾客在未来是否会采取某种行为的最直接的预测方法就是了解他采取该行为的倾向。

陈学军（2003）[76]以保险市场顾客满意度为研究对象，对新顾客和老顾客的满意度对消费行为的影响关系模式进行了比较分析（见图 2.1）。结果发现，顾客满意度在新顾客群体中直接影响消费动机和行为，在老顾客中通过动机间接影响消费行为。

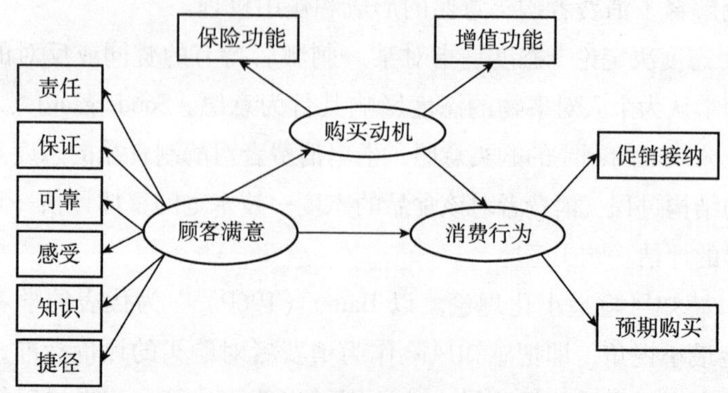

图 2.1 顾客的关系模型[76]

Davis（1989）[77]在理性行为理论基础上，延伸态度和行为意图，提出技术接受模型（Technology Acceptance Model，TAM），如图 2.2 所示，旨在解释和预测使用者经过一段时间与信息系统交互后接受系统的状态。TAM 主要研究使用者信念（感知效用和感知使用方便）、态度、意图和实际行为之间的相互关系。其中感知使用方便变量架构于自我效能理论之上，是使用者相信信息系统所能免于个体努力的程度，是内在心理刺激的外在表现。感知效用变量则以期望理论（Expectancy Theory）和动机理论（Motivation Theory）为基础，认为个体根据潜在利益评价自身行为，行为选择和执行都内含利益追求的愿望，是个体相信使用信息将增加工作绩效的程度。TAM 模型被跨文化背景下的众多实证研究所支持，成为个体接受信息系统研究领域最有影响力的理论模型。

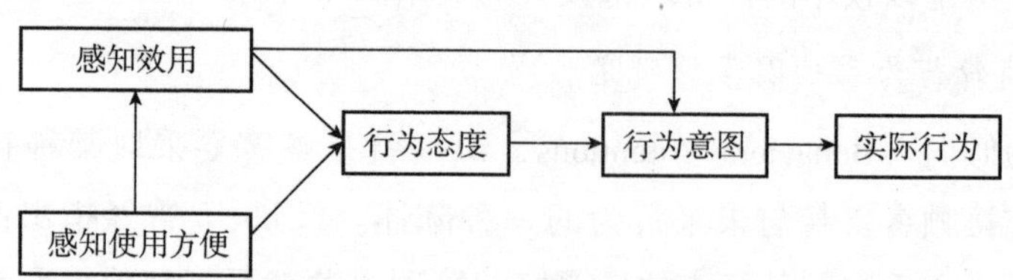

图 2.2 TAM 技术接受模型[77]

二、顾客价值理论

顾客价值（管理）问题一直是营销学界和企业界共同关注的热点。随着市场竞争的加剧，企业不断寻求竞争优势的新来源，顾客价值理论的出现为企业培育竞争优势提供了新的思路。从产生至今，很多营销学者对此进行了不同角度的理论研究和应用研究，企业界许多高层管理者对顾客价值管理也进行了不同程度的尝试，并取得了一定的成果。

目前关于顾客价值理论的研究主要集中于对顾客价值的不同概念以及几个主要概念定义之间关系的研究。

顾客价值理论研究中，研究者们首先考虑的问题就是什么是顾客价值，并且从不同的角度对顾客价值的含义进行阐释。这也造成了顾客价值概念的多样性。

目前对顾客价值概念的研究主要集中在两个方面：一是确定"什么是顾客价值"，同时给出了不同的顾客价值定义；二是对不同定义之间的关系进行了探讨。

顾客价值的概念研究可以分为三大类：①着重于顾客价值的衡量；②着重于顾客的感知与评价；③着重于环境以及顾客关系对顾客价值的影响。

最初的顾客价值概念主要探讨顾客价值如何衡量的问题。例如，Jakson（1985）[78]，Morris（1994）[79]，Kotler（1994）[80]，Higgins（1998）[81]，Anderson、Narus（1998）[82]等都从如何衡量的角度来定义顾客价值。

世界上最早给出顾客价值定义的学者是 Jakson（1985）[78]，他最早提出了"价值"实际上就是"顾客价值"的定义，他认为价值是感知利益与价格之间的比率，这里的价格包括购买的价格以及获得、运输、安装、订购还有采购失败或质量不能尽如人意的风险等。这个顾客价值含义揭示了顾客价值的主观性和相对性，是最早的研究成果。

继 Jakson 之后，许多人按照这个思路对顾客价值的概念进行了更深入的研究。Morris（1994）[79]认为，顾客价值就是顾客感知到的质量与价格之间的函数。Kotler（1994）[80]是从顾客让渡价值和顾客满意的角度来阐述顾客价值的。提出的顾客让渡价值（Customer Delivered Value）认为：顾客让渡价值就是总顾客价值和总顾客成本之差。总顾客价值（Total Customer Value，TCV）就是顾客期望从某一种特定产品或服务中获得的一组利益，又称顾客总价值。而总顾客成本（Total Customer Cost，TCC）是在评价、获得和使用该产品或服务时引起的顾客的预计费用，又称顾客总成本。顾客让渡价值决定顾客选择什么样的产品和服务。Kotler 认为顾客满意“是指一个人通过对一个产品的可感知效果与他的期望值相比较后，所形成的愉悦或失望的感觉状态”。实际上，顾客让渡价值与前面所讲的顾客价值是一个概念。同时，由于菲利普·科特勒在营销研究中的特殊地位，使他的顾客价值理论得到了广泛传播。

Higgins（1998）[81]在自己的研究中给出的顾客价值概念是：顾客价值是顾客获得的利益与成本之间的差额。顾客利益包括产品价值、服务价值、技术价值和认同价值。与Kotler（1994）[80]的研究成果相比，Higgins（1998）[81]也认同顾客价值是两类要素（利益与成本）的差额；但是后者强调了顾客价值的高低受到双方沟通结果（认同价值）的影响，即顾客价值必须是以顾客认可并接受为前提的。Anderson、Narus（1998）[82]认为顾客价值就是顾客从购买的产品中获得的价值与要付出的所有成本之间的“净收益”。当顾客从本企业产品中获得的“净收益”比从竞争企业的产品中获得的“净收益”大的时候，顾客就会购买本企业的产品并从中获得满意。

除了从衡量的角度给出顾客价值的定义外，其他学者还从顾客的感知与评价出发给出了不同的顾客价值定义。

顾客的感知与评价主要考虑了顾客价值的性质和形成过程，并以此来定义顾客价值。Zeithaml（1988）[83]提出顾客感知价值（Customer Perceived Value）是在对顾客感知到的所得和感知到的所失基础上形成的对产品效用的总体评价。如果总体评价的结果是肯定的，产品或服务就有顾客价值；否则，就没有顾客价值。这个概念强调顾客价值的主观性。

Monroe（1990）[84]认为，顾客感知价值代表的是顾客从交易中获得的质量或利益与他付出的成本之间的权衡。它主要强调了顾客价值的相对性。

Woodruff（1993）[85]提出，顾客价值是期望的属性（想从卖方得到的）与付出的属性（购买和使用过程中所付出的）之间的一种权衡。Woodruff的顾客价值概念包含了预期价值的含义（Customer Desired Value），即顾客价值在实际交易之前就开始形成并存在。

顾客价值管理的先驱Gale（1994）[86]认为，顾客价值是顾客相对于产品价格而获得的市场感知质量。Gale认为，考察顾客价值时，单纯谈质量是没有意义的——任何顾客都想获得最优质的产品或服务。正因为有价格约束，人们的购买能力受到限制，所以才不得不放弃部分质量要求。因而他认为，顾客价值就是顾客感知的一定价格水平的市场质量。

Albrecht（1994）[87]认为，顾客价值是顾客对某一特定需求被满足程度的感知（Perception）。他认为顾客价值就是一种感知过程，是一种心理反映行为和过程，包含感性认识和一定程度上的理性认识，它是与判断评价等心理行为较为接近的概念。感知可能是正确的，反映了事物的属性和特征；也可能是片面的，甚至是错误的，是对事物的扭曲反映。因为感知涉及许多主观因素，如个人需要、经验、价值观、兴趣乃至生理条件。

对顾客价值感知程度的测量，就是通常所说的顾客满意测量（Customer Satisfaction Measurement，CSM）。Butz 和 Goodstein（1996）[88]的研究认为，顾客价值就是顾客使用特定的产品或服务时，从产品或服务中获得附加价值之后，在顾客与企业之间建立的一种情感联系。他们认为，顾客价值不仅包括经济利益还包括情感成分。

最后一类顾客价值概念是在考虑环境或顾客关系对顾客价值的影响基础上来给出顾客价值的定义。

Gronroos（1990）[89]认为，顾客价值实际上是一种关系价值。因为关系营销可以为关系网络的各方创造和提供更多的顾客价值。由于企业和顾客的关系需要经过较长时间才能建立起来，所以顾客价值也会在一段时间内逐步累积。Burnham（2003）[90]认为，关系的建立与长期维持，能够增加经济方面的顾客价值和非经济方面的顾客价值，例如情感上的日益密切、信赖关系的建立等。这样，就会增加顾客转移成本，提高顾客保留率。

Woodruff（1997）[91]在他的后续研究中，确定了顾客价值与特定的使用情境之间有密切关系，他认为顾客价值是顾客在一定的使用情境中对产品属性、产品功效、使用结果达成或阻碍其目的和意图的感知的偏好和评价。他也强调了顾客价值的环境性，即在不同的环境中，即使使用同一种产品，顾客对其价值的偏好和评价可能也有很大的不同。这说明顾客价值具有主观性、相对性，是因人而异的。

在顾客价值概念中，有一些研究内容已经形成共识，还有一些内容仍然存在异议。形成共识的研究内容包括：第一，顾客价值是内在的并且与产品或服务的使用密切相关，后者是顾客价值形成、变化的载体。这一点使顾客价值与个人价值观、组织价值相区别（Burns，1993；Burns and Woodruff，1992）[92][93]。第二，顾客价值从其本质上看是顾客的主观感知，而不仅仅是由企业产品或服务本身客观决定的，因此，顾客价值既包含感性消费价值，也包括理性消费价值（Hirschman and Holbrook，1982）[94]。第三，顾客感知价值是顾客感知所得（包括质量、收益、价值、有用性）与顾客感知所失（包括价格和其他付出）（Woodruff，1997）[91]，所以具有相对性。

顾客价值的概念研究中，存在异议的方面包括：第一，研究者在定义顾客价值概念时往往借助其他概念，诸如质量、收益、有用性等概念来定义顾客价值。这样，在定义顾客价值概念之前，就要先定义这些概念的定义，而概念之间的比较不可避免地存在一些困难。例如，在价格水平相当的情况下，等同于质量的顾客价值与作为净收益的顾客价值就很难进行区分。第二，现有的研究没有给出一个比较完整的顾客价值概念。例如，在不同情境下的顾客价值具有差异性，顾客在购买之前与购买过程中以及产品或服务的使用过程中的顾客感知价值是不同的。购买之前，顾客更多的是进行比较、选择，确定不同的产品或服务之中的最优者，明确最适合自己偏好的产品或服务；购买和使用过程中，顾客关注的是在特定使用情境下的所选择产品或服务的顾客价值。这种差别在一些文献中得到了强调。Gardinal、Clemons、Woodruff、Schuman 和 Burns（1994）[95]在他们的研究中指出，在购买的不同阶段存在顾客感知价值的差异。另外，在购前、购中以及购后，顾客价值会出现什么样的变化，存在什么样的差异，是否存在一定的变化趋势与规律，目前的文献中并没有针对性的研究。

本研究对顾客价值的定义为顾客感知价值，主要是基于企业角度，研究企业应该如何为顾客创造优异的价值，是顾客感知所得（包括质量、收益、价值、有用性）与顾客感知所失（包括价格和其他付出）（Woodruff，1997）[91]，所以具有相对性。

三、保险需求理论

对于保险需求理论的发展，可以从以下三方面分析：一是保险需求的基础，即不确定性；二是潜在的保险需求与有效的保险需求；三是保险需求的特征。

（1）保险的需求基于人们对不确定性与风险的认知。在现实经济生活中，不确定（Uncertainty）是客观存在的事实。对于消费者来说，不确定性与风险的存在始终伴随着其各类经济行为发生之初和发生之后，始终是其在做各种经济决策时不得不面对、不得不解决的首要问题。由于不确定性的普遍性和重要性，它日益受到经济学家的重视，日渐成为现代经济学尤其是现代微观经济学领域的一个研究热点。同时，不确定性问题也受到经济心理学家的高度重视。人既是生产者，又是购买者；既是投资者，又是交换者。而心理学则是一门研究人的心理与行为的科学。心理学家从人的心理与行为的理论出发，研究不同情境状态下人的行为及其心理规律，包括经济行为与经济心理。经济学产生于人的物质财富的欲望与实践，经济学家研究生产、消费、交换、发展，最终的落脚点还在于人。因此这两门学科研究领域与方向的相遇与重叠是必然的，其理论成果为更好地理解和研究人在经济生活当中的行为过程及心理规律提供了必要条件。同时，经济学和心理学又是两门研究领域、研究方法截然不同的学科，它们各有其研究对象、研究任务。对于心理学，有一种观点认为经济学和其他社会科学一样是研究人类行为的，认为心理学实际上是任何社会科学出发的基础，所有根本性的解释都要以此为依据，这种观点被称作“心理学主义”。熊彼特（2001）[96]认为学科研究不应该恪守学科间的界限，经济学的研究应该关注心理学学科的研究成果和研究方向，强调心理学学科的发展有益于经济学寻找到科学的理论依据。

（2）潜在的保险需求与实际的保险需求。在经济学中，需求是指消费者在一定时期内在各种可能的价格水平下愿意而且能够购买的商品数量，一定价格水平下供需达到均衡时的需求就叫做有效需求。同样，保险需求可以定义为投保人在一定时期内在各种可能的费率水平上愿意而且能够购买的保险的数量。

在财产保险实务中，有效的保险需求就表现为保险契约中所载明的保险金额。保险金额是保险契约当事人之间所约定的最高给付金额，是保险费计算的基准。潜在保险需求是尚未实现的保险需求，它是以保险标的的经济价值来衡量的，相当于财产损失险中的保险价额。保险价额是指保险利益所具有的经济上的利害关系，以金钱估计的价额，也即保险标的所有保险利益的金钱价值。

潜在保险需求和有效保险需求的区别可以从影响它们的因素上看出。决定潜在保险需求的因素主要是投保人的保险利益和保险标的面临的风险。保险利益是投保人对保险标的所具有的合法的经济利益。具体到财产保险需求，则是投保人所有的财产的现有利益和预期利益。影响有效保险需求的因素有很多，如果只从需求方面来考虑，则可以分为保险购买意愿和保险购买能力。保险购买意愿是指投保人在一定的费率水平上投保的倾向和欲望，这种欲望的强弱在很大程度上会影响投保人的投保决策，是保险需求形成的基础。在影响保险购买意愿的因素中，投保人的风险偏好是一个重要的因素，在同样的费率水平和风险状况下，风险喜好型投保人的保险购买意愿就低于风险厌恶型的投保人。任何影响购买意愿的因素都会通过影响投保人的保险决策进而影响保险需求。保险购买能力是投保人对保险产品的购买能力，而且这种购买能力主要表现为现金的支付能力。购买能力是潜在保险需求转化为有效保险需求的关键。可见，潜在的保险需求只是衡量保险标的的经济价值，而有效的保险需求则是已经实现的保险需求，它是投保人根据自己面临的风险和投保能力所做出决策的结果。

（3）保险需求的特征。格兰诺维特（1992）[97]认为，经济生活是“嵌入”（Embedded）社会生活之中的，所以对社会之中人的行为的研究就不能仅从经济学的角度来解释。从“经济人”到“社会人”的理论发展，给研究保险需求带来的启示是：保险的需求动机是复杂的、多样化的，不仅仅有期望在风险发生时获得一定补偿的经济上的动机，而且有基于满足自身心理安全感的生理动机，更有满足社会交往需要和保持阶级、阶层、身份地位、获得社会认同的社会性动机。保险需求的主要特征有：

①客观性。保险的需求是客观世界存在的种种不安全因素在人们头脑中的反映，人们才会在心理上产生对安全的需要。

②具体性。没有风险便无所谓安全，更无所谓保险。保险需求的具体性是指任何保险需求都是发生在一定环境和一定条件下的。倘若没有汽车，便没有汽车保险，没有房屋，便没有房屋保险等。

③经济性。保险的经济性体现在，由于人的经济性，即人的现实生活是以经济生活为基础的。伴随着经济活动的是大量风险的存在和出现。

国内从微观经济角度出发，较为系统研究保险需求的是张庆洪教授，在2004年《保险经济学导论》中专门用两章的内容来讨论保险需求，依次给出了状态依存效用、莫森悖论一、莫森悖论二、自保和自我保障、财富随机下的保险需求、企业保险需求的最初模型[98]。

黄攸立和周卫东（2002）在《论需求动机理论在保险服务中的运用》中是这样描述消费者投保行为动机的产生过程的："根据需求动机理论，客户购买保险的前提是其在工作和生活中存在风险，当客户意识到风险存在的客观性时，将产生紧张的心理感觉，这种紧张的心理感觉形成一种动力，促使其采取一定的行为来化解风险，客户可以通过回避、防范、抑制、转嫁等多种行为来消除或降低风险发生的可能和风险一旦发生后的损失程度。保险是转嫁风险的方式之一，当客户了解某一保险产品具有转嫁其所具有的风险的功能，通过投保这一行为的实施，以少量保费的支出获得转嫁风险的保险合同，从而使其转嫁风险的需求得到了满足，内心原有的紧张消除，购买保险的行为结束。"[99]

四、保险消费行为理论

经济学、消费行为学、心理学、管理学等诸多学科对需求与消费心理领域的一般性理论都做了大量研究，但对于保险这一特殊产品的需求与消费心理的研究并不多见，有关保险消费行为的明确定义和界定更为少见。尽管如此，对于保险消费行为的研究国内外学者仍然做了大量的尝试。

亚当·斯密（1972）[100]认为，如果人们不轻率和不鲁莽，就会购买保险来保障危险所带来的损失。1848年，约翰·穆勒①[101]出版了《政治经济学原理及其在社会哲学上的若干应用》，在这本书里，穆勒认为利润分为利息、保险费和监督工资三部分。其中，他认为"资本要冒相当的风险，往往风险很大。对于这种风险，他必须得到补偿。否则，他将不冒这种风险"。但是，穆勒提到的这种"保险费"并不等同于我们经常说的保险费，他也没有解释两者的区别和联系。

1890年，阿尔弗雷德·马歇尔出版了《经济学原理》一书，发展了穆勒的思想，解释了风险补偿与保险费的关系。他在第六篇第八章"资本与经营能力的利润（续）"中指出，"如果这种风险没有绝对的害处，则人们

① 由于穆勒没有区分资本家的职能和企业家的职能，莱昂·瓦尔拉斯（1874）在《纯粹经济学要义》中对穆勒做了批判，这里不再详述。

将不愿向保险公司缴纳保险费，可以看出保险的涉及和研究一开始就是和风险联系在一起的，没有风险也就无所谓保险”[102]，“如没有保险，如防止风险的种种实际困难都可以克服，则在长期内他们必须得到相当于保险费的补偿”。

马歇尔还考察了人们为什么投保的原因。他说到，“厂商和商人通常都保火险和海上损失险”，“火灾或海上事故所引起的损失（如果发生）多半是如此严重，以致支付这笔额外费用大多是值得的”。显然，马歇尔认为，人们投保火险和海上损失险，是为了用额外的保险费来补偿损失可能发生的严重后果[103]。

传统的经济理论实际是分析确定条件下人们的经济行为，然而经济生活的特点是充满了不确定性，把不确定性与风险作为一种经济问题来分析，是从20世纪初期的美国芝加哥学派创立者弗兰克·奈特（2005）[104]开始。奈特认为，企业购买保险是为了将可以估算概率的风险转移给保险公司，人们购买保险是为了转移风险。

随着期望效用分析等不确定性分析方法的问世，经济学家开始尝试这样的工作。美国著名经济学家、诺贝尔奖获得者肯尼思·阿罗①指出，由于存在不确定性，保险作为风险转移的一种方式存在，可以使保险合同双方的福利增加，从而将保险需求分析融入到一般均衡分析之中。也就是说，投保人觉得投保成本小于面临的风险成本，而保险人又觉得有利可图，那么市场可以进行“帕累托改进”。同样是在20世纪60年代，伴随着风险与不确定性经济学和现代消费行为理论的发展，保险消费的理论才得以发展。但是最早将期望效用分析方法引入到保险经济学研究之中的是挪威著名经济学家卡尔·博尔奇（1960，1961，1962，1999）[105][106][107][108]，他在1960~1962年发表了一系列论文，在期望效用分析方法的基础上讨论了再保险保费附加（1960）[105]、最优再保险合同（1961）[106]和再保险市场均衡问题（1962）[107]，也为最优保险理论的研究提供了新的分析方法。

目前国内比较明确的一个保险消费定义是：“消费者为保障生命财产安全，满足其安全需要的一种消费[109]。”这一定义肯定了保险是一种消

① 1963年，美国著名经济学家肯尼思·阿罗（Arrow K. J.）在《美国经济评论》上发表了《不确定性和医疗护理的福利经济学》一文，首次涉及最优保险理论的研究。

费，并且强调了人们对安全需要的满足在保险消费中的作用。同时，也暗示了人们的心理因素对现实有效需求满足程度的影响作用。从市场营销学的角度来看，“保险消费是人们通过消耗或享用保险产品或保险服务来满足自己的身体、寿命、财产安全保障需要的过程或行为”。保险产品是保险服务的载体，保险产品或保险服务由保险公司通过其从业人员以劳务形式提供。这一论述强调了保险消费的对象是一系列的保险产品和服务，指明保险消费是一种特定经济需要的满足方式及其行为的过程。另一个相关的定义则认为：“从全面的观点来看，广义的寿险消费行为是过程与结果的统一，包括寿险自然需求的产生、寿险自然需求转化为有效需求，有效需求得以满足，又转化为实际购买力的整个过程。狭义的寿险消费行为仅指人们购买寿险产品的行为。”这一论述符合消费者消费活动和行为的最一般特征，即当消费者在获取了可支配的资源（包括收入、时间等）以后，通过一系列的选择和决策，最终将这些资源分配在不同的用途上，从而最大限度地满足自己的当期需要和未来需要。赵春梅（2003）[110]认为：“保险是一种服务型消费品，保险消费实际上是服务消费，因此，保险消费市场具有服务消费市场的属性。”

“当保险的本质进入到企业经营的层面时，它具体化为企业所经营的业务；进入到企业销售层面时，它具体化为所销售产品的功能；从消费者的立场选择产品，就是选择产品的功能”[111]。虽然对保险消费的定义和研究不多，但从前面关于保险本质的讨论和保险需求的研究中可以得出，保险消费的是从消费者角度对保险产品和服务所能提供给消费者的各种满足和需要的行为和过程。无论是哪一种解释，都揭示了保险的主要目的在于减少风险损失，减轻被保险人对未来不确定性的担忧和经济负担。当人们将保险当作一种商品来对待时，将会发现保险商品就是由保险人提供给保险市场的，能够引起人们的注意、购买，从而满足人们减少风险和转移风险的目的，必要时能得到一定的经济补偿需要的承诺性服务组合。

保险产品的特殊性导致了它的消费过程既不同于一般产品的消费过程，也不同于一般服务的消费过程，具有其独特的一面。保险消费行为具有一般商品消费行为所不具有的某些特点——不确定性、跨时分离性、非即时结算性等。

（1）保险消费的结果具有不确定性。保险是事后补偿经济损失，保险合同履行的结果建立在合同规定条件下，事件可能发生，也可能不发生的基础之上。因此，消费者在进行保险消费决策也即购买保险单时，不能明确知道自己的消费结果。

（2）保险消费的过程具有价值与使用价值的跨时分离性。一般商品的价值与使用价值总是同时凝聚在商品这一载体上的，人们在享受它的使用价值的时候，同时也在品味着它的价值，反之亦是。与一般性商品不同，保险消费具有价值与使用价值跨时分离的特性。也就是说，人们购买保险得到保单，享有使投保风险转移固化的价值时，保险的使用价值——经济补偿并没有同时体现，而必须等到保险事故发生的未来若干时间之后。

（3）保险消费行为的非即时结算性。众所周知，保险公司的经营以特定风险为前提，保险公司的财务运作是先收取保费获得收入补偿，再支出各项赔付与给付，其经营成本的支出与收入补偿的顺序与一般性企业的顺序相反。由于保险公司经营效益的未来确认性，其保费收入也不等同于一般性企业的销售收入的概念，而是以责任准备金形式所体现的经营负债，因而其经营成果并不像一般性企业那样在利润与销售收入之间具有一种简单的正相关关系。同时，由于保单责任的相对长期性，获取保费收入的成本与费用支出也并不能够在当年予以全部摊销。因此，保险消费的交易采取非即时结算方式。保险交易因风险的不确定性使得交易双方都不可能确切知道交易结果而立刻结算。因此，保险交易双方要通过签订保险合同来确立各自的权利和义务，并且依照履行。因而，保险单的签发，是保险保障的开始，最终的交易结果则要看合同约定的保险事故或保险事件是否发生。

总结以上国内外学者的研究可以发现，保险消费行为主要是为了获得风险转移以及风险保障，将经济活动中的不确定性通过保险的形式转化为确定性。基于上述保险消费的内容和定义，本研究认为：保险经营的标的是风险；保险的本质是保障；保险消费就是一种对于风险规避的选择：是消费者在众多的风险防范方式中选择了保险这样一种方式；这种方式的核心是不愿意承担损失。

五、本章小结

本章为文献综述和理论基础部分，通过对有关消费行为的概念、消费行为的理论模型，消费意愿的概念、消费意愿的理论模型、消费行为的影响因素，顾客价值理论，保险需求理论，以及保险消费行为的国内外文献的整理、评价，把握了本领域研究的最新动向，并在前人研究成果的基础上对本研究的相关研究概念进行了界定。

第3章
CHAPTER 3

国内外工程保险产业发展现状分析

一、国外工程保险发展现状分析

（一）美国工程保险发展现状

1. 概况

美国是全世界最大的保险市场所在地，有众多保险商参与市场活动，其业务量也相当大。美国的保险公司所提供的与工程建设有关的险种主要包括承包商险、安装工程险、承包商设备险、劳工赔偿险、一般责任险、产品责任险、职业责任险、环境污染责任险。其中承包商险和安装工程险分别相当于建筑工程一切险和安装工程一切险，但均不包括第三者责任险。劳工责任险属于强制保险，一直高居保险费收入的首位。职业责任险也是强制保险，在建设工程中，需要承担责任的专业人士若不参加保险，则无法获准进行相关业务。从1957年开始，美国的保险公司开始向美国建筑师协会（ATA）和国家工程师协会（NSPE）提供职业责任险。

还有一种保险产品由业主将工程项目各方风险综合起来，统一向保险公司投保的险种，即综合险。综合险是将所有承包商、分包商、设计商等自行投保并将由业主支付保费的险种综合起来，统一向保险公司进行投保。综合险一般用于大型工程建设项目，其中主要优点在于集中所有风险统一于一个险种，以享受保费优惠，避免漏保或重保。

2. 美国保险市场的特点

（1）保险公司的赔付率高。美国多数保险公司利润率很低，有的甚至为负利。有数据显示，美国保险公司在建设工程保险方面的保费收入的72.5%用于赔偿，23.7%用于销售和管理费用，2.7%用于缴纳各种税金，而盈利只有1.1%（李燕鹏，1998；孟宪海，2000）[33][34]。造成这一结果的主要原因是激烈的行业内竞争；另外，也是因为保险公司主要不是从保险业务中盈利，而是通过保险业务聚集资金，通过合理利用资金，有效从事各方面投资，以较高的资本回报率创造利润。较高的赔付率也反过来说明了工程保险对建设工程保障的必要性和有效性。

（2）各方主体共同进行风险管理。进行建设工程保险只是手段，其根本目的还是在于控制工程风险。保险人积极协助投保人进行风险管理成为化解工程风险的有效途径。业主、承包商、保险经纪人、保险人共同努力，把工程损失降低到最低程度。保险公司积极发挥自己的专业技能，帮助业主和承包商指出潜在的风险及改进措施，并监督保险合同的实施。

（3）相关法律健全完备。美国联邦和各州对工程保险都有法律规定，联邦法律规定了所有的标准，50 个州在联邦法律的基础上，提出了更具体的要求。与保险相配套的法律体系的完备使各险种在具体使用过程中各方主体的行为更加规范。

（二）英国工程保险发展现状

1. 概况

英国的金融保险业十分发达，伦敦是世界上最大的金融保险中心之一。从 1929 年在泰晤士河上的拉姆斯大桥工程保险单开始，英国工程保险业已经开始得到了长足发展，并逐渐形成了一套较完整的工程保险体系。英国建设工程保险主要包括雇主责任险、施工机具险、履约保障险、雇员忠诚险、职业责任险、工程交付延期利润损失险及工程质量保证险。其中，施工机具险和雇员忠诚险最具特色。施工机具险是承保参与工程建设的施工机具，赔偿施工机具在工地使用或停放过程中由于自然灾害或意外事故造成的损失。雇员忠诚险是针对为弥补因参加工程的任何一名雇员的欺骗或不忠行为而给项目公司造成的直接经济损失而设立的。

在英国，工程保险业务开展得十分普遍，建设项目无论大小，均通过投保工程保险来降低工程中的各种风险。参与建设工程的各方都有很强的风险意识，这主要是因为英国的工程建设大多是私人出资或商业银行贷款担保融资，即使是政府项目，也多是通过私人融资建设的，如果工程建设没有全面的风险保障，一旦发生事故，造成的损失相当严重，因此对保险的需求也十分迫切。

2. 英国工程保险的特色

（1）行业协会对工程保险的重视。英国土木工程协会（ICE）发布的

《新工程合同条件》将风险与保险列入了核心条款。在此合同条件下，参建各方都有很强的风险及风险转移意识。

（2）贷款与保险挂钩。贷款人通常都要求业主提供关于保险的细则来确保他们的利益得到保障，未提供这种保障的将不予以融资支持。所以，一般在贷款合同中都规定，贷款人完善的投保保障是启动资金的先决条件。

（3）保险中介组织发达。英国的保险中介组织十分发达，其中，保险经纪人和保险公估人扮演着重要的角色。保险经纪人是基于投保人的利益，为投保人与保险人订立保险合同提供中介服务并依法收取佣金的单位。从工程保险的复杂程度来看，经纪人的介入使得投保获得专业、全面的服务，也使得保险的安排更为有效。经纪人一般会收集工程每一阶段的成本、进度、费用等信息，并整理制成一份文件交给保险公司，该文件对项目、合同等做出清楚的解释，以使保险公司了解工程有关情况，决定是否承保该工程。同时经纪人还可以指导客户如何处理保费，尽快得到保险赔偿等。保险公估人的主要作用就是站在客观、公平的立场为投保人、保险人提供风险评估、公平鉴定、理算保险损失等，保证保险市场运作的效率。英国公估人的标准很高，必须熟悉保险知识，了解法律，了解工程项目的合同，掌握承包商之间的合同等专业知识。

（4）工程保险以业主投保为主。英国的工程项目投保工程险，一般有两种方式。一种是由业主投保，另一种是承包商投保，一个项目是由业主还是由承包商投保，其保险保障程度是不一样的。承包商一般只会投保合同中要求其投保的项目，不会考虑业主的风险和利益。如果一个项目有八个承包商参与施工，每一个承包商只会投保自己参与工程那段时间的保险，而各个承包商完工的时间经常不一样，整个工程项目的风险就难以保障。由业主投保工程保险，则可保障工程全过程，投保终止期可至工程全部竣工时，不用考虑每一个承包商完成的截止时间，并有能力安排交工延期和利润损失保险。业主统一投保工程保险，可以控制风险的保障范围和适合的免赔额，选择有信誉的保险公司，使贷款人对项目更为放心；控制赔款以确保对损失恢复的及时性，对生效的保险进行审查，确保无不足额保险，减少需被核查的保单数量，减少管理费用。因为许多大工程都是银行融资，投资方都希望投保交工延期和利润损失保险。当然，业主投保一般免赔额较大，如果承包商难以承受可以通过额外的保险，将免赔额降低。承包商如果认为业主的保障安排不全面，也可以自己出资购买额外的保险，对自己承包的这一部分工程的风险进行保障。基于以上优点，英国的建设工程保险以业主投保为主。

简言之，英国采取“政府、银行、市场三重强制”的办法来推行工程保险制度，具体表现为：①通过法律、工程合同条件予以规定；②贷款人要求投保；③有关的工程技术人员行业协会要求投保职业责任险；④市场机制的作用（贺震川，2007）[39]。

（三）德国工程保险发展现状

1. 概况

德国工程保险采取的是风险分担模式：

（1）承包商承担物质损失和公众责任风险。德国规定，所有参与工程项目的独立承包商都只对他们所承包的工程负责，只需投保因其工作造成损失的险种。为了将公众责任纳入保险，德国承包商通常必须购买一份责任保险，以对他们的行为和失误负责。

（2）业主承担自然风险。德国规定，自然风险（如地震、暴风、洪水等）属于业主风险，与承包商无关。由于业主在项目进行过程中承担相当的风险，这使得业主是否投保变得非常关键，特别是当工程使用银行贷款时，许多德国银行都将足够的保险作为工程贷款的条件。由此可见，德国的工程保险制度对于风险责任划分非常清晰，避免了业主和承包人之间相互推诿扯皮，而且这种划分是国家立法规定的，具有法律强制力。

2. 德国工程保险的特点

（1）十分重视工伤保险。德国是最早实行工伤保险制度的西方国家，可以追溯到19世纪80年代，至今已有百余年的历史。德国民法规定，所有雇主都必须承担保护本企业所有雇员的安全健康责任。德国政府授权建筑业事故保险联合会负责施工安全生产的行业管理，该联合会属于半官半民性质的组织，联合会以工伤事故为保险核心，具体执行和推广安全生产技术法规，组织培训教育、事故调查统计、工伤残疾保险等工作，每个企业都必须加入所在地区的联合会，成为联合会的会员。凡承揽工程建设项目的承包商雇主，必须按照雇员人数以及公众的危险程度向联合会缴纳工伤保险费，由联合会负责承担保险，保险费平均为雇员薪金总额的1.36%。联合会承保范围包含三种情况：工地上发生的工伤、上班途中发生的伤亡事故以及职业病。但对于在公司上干私活、故意违章等行为不予保险，一旦发生工伤事故，由保险联合会负责康复和补偿事宜，与承包商雇主不再发生任何关系。

(2) 安全监督严格。在德国，安全监督工程师代表政府对施工安全生产进行监督检查。其具体职责包括：起草安全生产技术法规，监督安全法规的实施情况，检查所辖施工现场的安全生产，对于违规者提出警告、罚款以及责令停工等。安全监督工程师必须受过专业教育，具备现场管理经验，经过建筑业联合会培训认可。德国有关法律规定，凡雇用员工超过21人的建筑企业，必须设有专职的安全管理员。不足21人的建筑企业必须设有兼职的安全管理员，安全管理员应定期培训，持证上岗。德国上述制度对于加强建筑施工安全生产管理，保障人身财产安全发挥了极其重要的作用（贺震川，2007）[39]。

(四) 法国工程保险发展现状

1. 法国的工程质量保险体系

法国是开展强制性建筑工程质量保险最早和较为成熟的国家，法国1804年《拿破仑法典》规定，建筑师和设计师必须在建筑完工10年内负有对房屋结构缺陷做维修的责任，在10年保证期后，除非证明建筑师或设计师有欺诈行为，否则建筑工程的业主将对建筑工程负完全的责任。法国的建筑工程质量保险，也称为建筑工程内在缺陷保险。其运作程序是：在质量责任期内建筑结构安全和建筑功能出现质量缺陷或者质量缺陷导致损失事件后，首先触发业主损害保险，业主向保险公司提出索赔，由保险公司赔偿后，再代为向建造者追偿，触发建造者责任保险，建造者可以通过其责任险履行赔偿责任。后来，法国对该法典进行了多次修订。在19世纪70年代，建筑工程质量方面仍然出现一些问题，房屋建筑工程的裂缝、渗漏等缺陷出现次数较多，而且存在建筑工程完工后就找不到建设单位和施工单位的现象，建设单位和施工单位质量责任在建筑工程完工后无法有效地落实。针对这种情况，在1978年制订了《斯比那塔法》(Spinetta)，对

《拿破仑法典》进行了全面修订，建立了较为完整的建筑工程质量保险体系（Inherent Defect Insurance）。该法规定建筑工程10年内在缺陷保险为强制性保险，建筑工程的参建各方必须投保。建设单位（业主）则必须为建筑物10年内可能出现的损坏（内在结构缺陷）进行投保。这两类保险及其相互关系可用表3.1和图3.1表示。

表3.1 质量责任期限 单位：年

项目	结构牢固性	噪声控制与保湿	防渗漏	良好运行
地基基础、主体结构、围护结构	10	10	2	—
固定在结构上的设备	10	10	2	—
独立于建筑物的设备	—	10	—	2

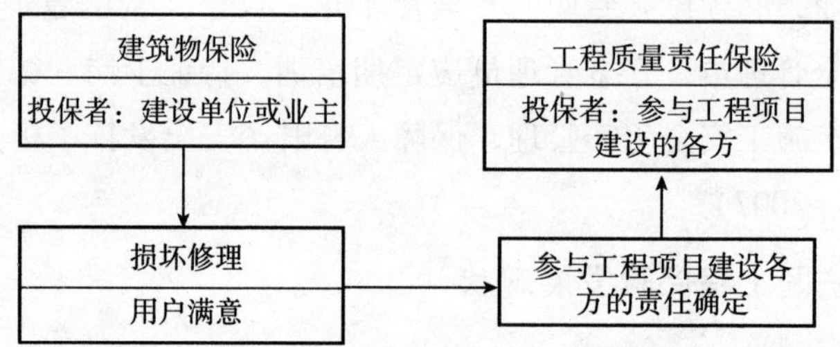

图3.1 建设工程质量保险的分类及其关系

2. 法国建筑工程质量保险的特点

（1）建筑工程质量保险期限和免赔。法国建筑工程10年内在缺陷保险期限为10年，从第2年到第10年，第1年为建造商负责维修（备注：若竣工开始第1年建造商没有了，则由保险公司负责），即第1年出现的缺陷100%由建造商负责。

法国建筑工程质量保险对业主未设立免赔，即建筑工程只要发生损伤，保险公司都要由双方认可的检查机构、公估机构进行检查评估和做出赔偿。

（2）保险公司责任和赔偿程序。在第2年至第10年内建筑结构安全和建筑功能出现缺陷，由保险公司先赔，然后代位追究设计、建造商及检查机构的责任。如果无法核实责任，最终由保险公司承担损失，如果核实属于建造商的疏忽或者设计师等非故意行为，将按相关责任人购买的责任保险合同执行，这项法律保证业主在最快时间内拿到钱来维修工程。

保险公司收到业主投诉建筑工程内在质量缺陷后，首先确认是否在10年保险期内，再派出技术专家进行估价，业主是否同意该估价要在15天内做出决定，若同意就给予赔偿；若不同意，则由双方共同指定公估、检查部门派出技术专家进行现场检查，做出检查评估报告，通过保险公司书面提交给业主，该阶段要在60天内完成，若60天内没有完成，则表示接受了业主的要求；保险公司要在60～90天把根据检查评估报告核定的损失金额支付给业主。复杂的技术问题则应在225天之内完成上述全部工作。

（3）法国的建筑工程质量检查控制机构。建筑工程质量检查控制机构的作用是预防设计（包括方案设计和施工图设计）、施工过程中的技术风险，把建筑工程设计和建造过程中的风险减到最低。

对于建筑工程质量检查控制机构，应得到由建设部批准的建筑工程检查机构认证委员会的资质认可（见图3.2）。该建筑工程检查机构认证委员会由建设部组织成立，是独立的机构，其成员由建设部、教育部、人事部、保险公司和技术专家组成。建筑工程检查机构认证委员会负责对建筑工程检查机构单位资质和人员资格的认可。对于单位的资质条件包括技术能力和管理能力，其中技术能力应包括从事结构、消防、水电设备、地下、屋面、墙面防水、环境和建筑功能等专业的技术能力，仅有一两个专业的公司则只能承担建筑工程检查分包。目前，在法国有8个建筑工程质量检查控制公司，其中法国检验局承担了全部检查控制工程的40%以上。

对建筑工程质量控制监督则是保证该险种正确实施的必要条件。这项工作由独立于设计和施工的第三方建筑工程技术检查机构实施，该检查机构针对每个建筑工程的特点，从建筑工程的方案设计、施工图设计和施工过程的各个阶段进行质量控制。通过实行强制工程保险制度，保险公司将在施工阶段积极协助监督承包单位进行全面质量控制，以期保证工程质量不出问题，保险公司就可以不承担或少承担维修费用。而承包单位为了提高企业信誉，承接更多的工程，争取保险费的优惠，必然会加强自身的质量意识和质量管理，想方设法提高工程建设的质量水平。只有这样，承包单位才能赢得良好的社会形象，在激烈的市场竞争中维持生存，寻求发展。工程保险制度的推行，迫使各方为了维护自身的利益积极参与工程质量的监督控制，力争创造优质的建筑工程，客观上最大限度地保护了国家、业主和使用者的合法权益，有力地促进了工程建设质量管理的良性循环。

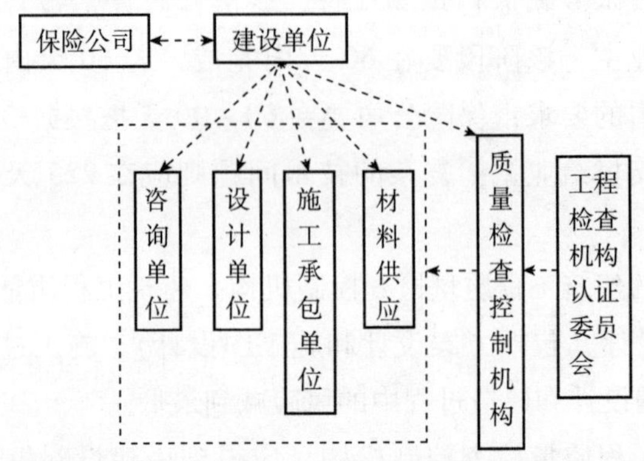

图 3.2　法国的建筑工程质量风险管理模式

（4）建筑工程质量事故、损失信息系统。在法国由建筑工程质量协会（Agency Quality Construction）负责对建筑工程质量事故、损失信息的收集、整理工作。该协会涉及规划、建造、设计、保险、建筑材料等 46 个部门，把所有专业综合在一起进行协调减少矛盾。该组织收集所有关于建筑工程质量缺陷的报告。一是通过保险公司把处理结果交给协会，二是检查评估单位将上交两份评估报告，一份交给保险公司，另一份加上简要的建筑工程质量缺陷表，交由质量协会存档。由协会负责分类、汇总，建立相应数据库，并归纳出 10 项可能出现质量事故的资料，提供给建筑工程检查机构、设计和施工单位及业主等，为保证质量、降低损失服务。

3. 法国建筑工程质量保险存在的问题

（1）由于法典中建筑工程功能的不适用性定义不明确，在实际操作中往往产生纠纷。

（2）对于建筑工程质量内在缺陷未设置免赔，业主只要发现问题就找保险公司，导致索赔率居高不下（徐波、赵宏彦、高小旺、李中锡，2004；徐波、赵宏彦，2004；赵海鹏，2006）[37][112][113]。

（五）加拿大工程保险发展现状

在加拿大，投保工程险是很平常的事。有些工程保险是政府强制的，有些是买方自愿的。工程参与各方一般都自愿购买保险，如建设一个项目，业主首先要买贷款保险，否则他就不能取得贷款；工程进入实施阶段，业主要买建筑安装工程险及第三方责任险；项目完成，业主要买财产险；进行营业要买营业收入险。咨询工程师承揽工程咨询业务，要买职业险——一方面防止业务上出错而蒙受重大经济损失，另一方面，如果不买保险，他就承揽不到咨询业务。承包商承包工程要买建造险、职工人身安全险、环境责任险等，否则他也不可能承揽到工程。保险公司在为客户保险的同时，也向更大的保险公司再保险。

就工程承包保险而言，小型的施工企业一般直接向保险公司买，稍大一些的承包商则要向行业协会买。保险公司之所以不直接向这些稍大的企业卖保险，是因为它们对这类企业的经营能力、业绩等了解得不是很具体，为了转移风险，它把保险卖给行业协会，再由行业协会卖给承包企业。总包工程要买保险，分包工程也要买保险，不买保险的企业是承包不到工程的。保险公司按行业的风险度收取保险费。计算保险费要考虑许多因素，如工程咨询的保险费计算有四个因素：一是看其以前的经验与业绩；二是保险金额多少；三是营业地点与范围；四是年收入多少。咨询工程师买保险，所交的保险费占其保险金额的比例约为 2.5%（李明、高欣，2002）[35]。

加拿大的保险公司很重视发挥资金效能，它将收取的保险金用于投资。投资的方向大致有三个：一是政府债券；二是现金存款；三是房地产。这样，保险公司就可以用其利润弥补因赔偿造成的损失，进而保证其事业顺利发展。

（六）日本工程保险发展现状

日本建筑工程保险有着良好的需求基础：建筑产业在日本经济中占有极其重要的地位。日本建设产业的生产物分为两种：一种是建筑物，包括住宅、商厦、学校、医院、音乐厅等；另一种是土木构筑物，包括道路、桥梁、给排水管道、堤坝、码头、隧道等。这两种工程类别所占的比重分别为 54% 和 46%。对于投资巨大的建筑工程，日本施行的是以法律为基础，市场运作为主体，政府进行局部干预的建筑工程保险模式。

随着日本保险市场化程度的逐步提高，政府对建筑工程保险的干预正在减少。1998 年以后，日本政府取消对保险公司经营范围和保费的规定，建筑工程保险业务和保费标准也完全放开。

日本工程保险的险种主要有五种：建筑工程一切险、第三者责任险、劳动灾害综合保险、履行保证保险和履行担保。根据日本法律规定，各行各业必须投保劳动灾害综合险，建筑业当然也不例外。对于其他同工程有关的险种可以自愿投保。在日本的建筑业中投保各种相关险种已经成为承包商自愿的行为，因为市场机制起着重要作用。也就是说，承包商如果不投保，发包商就不愿意将工程发包给他。

同时，日本的工程保险具有较完善的市场运作机制。在日本，投保人一般不直接同保险公司签订保单，而主要通过保险代理机构进行投保。保险公司则将保单总金额的 10% ~20% 作为付给保险代理机构的代理手续费，保险公司为保障安全，化解风险，一般向再保险公司再投保。

在日本，政府对工程保险市场实行一定的干预。1998 年以前政府规定保险业务范围和保险费率，目前仍然实行的干预方式是日本建筑省每年对工程承包公司打分评级，共分为 A、B、C、D 四个等级，级别越高，支付保险费越少。如 A 级公司所支付的保险费只相当于其应付保险费的 30%。这种干预方式有利于调动承包商或业主进行风险管理的积极性（陈建军、卞艺杰、朱晖、王洪，2007）[40]。

（七）西方发达国家工程保险制度取得成功的主要因素

通过对美国、英国、德国、法国、加拿大和日本这六个国家工程保险制度的研究和分析，不难看出，这几个国家工程保险制度取得成功的主要因素是：

1. 工程保险中介机构发挥重要作用

工程保险中介机构在各国工程保险制度中是非常重要的，它对工程保险的开展和实施起着关键性的作用，不仅包括替保险公司销售保单，促进工程保险的推广和应用，还包括替业主方进行风险管理和提供工程保险所有相关问题的顾问和咨询。可以说，工程保险中介机构是国外工程保险制度成功的基石。

2. 强调业主方的主动性

在开展工程保险的过程中，业主方是积极主动的，不仅体现在投保方面，也体现在签订保险合同后的风险管理过程中。它强调由业主方统一安排投保，并主动进行项目的风险管理，而不是被动地接受。

3. 保险公司的辅助性作用

保险公司在工程保险实施过程中，只是起到一个商业性公司所应该承担的作用，包括提供保险合同条款、制定保险费率等，在销售保单方面，依靠的是工程保险中介机构；而在风险管理过程中，只是配合业主方进行风险管理，并提供一些咨询和建议。

4. 法律制度完善，政府和行业协会各有分工

政府部门通过制定完善的法律法规来对工程保险和风险管理进行宏观上的约束和监督，并不直接参与管理，而具体的微观管理工作则由行业协会负责。行业协会负责包括工程保险相关信息的搜集、整理和发布，并制订相应的规则对行业成员进行具体的监督和管理。

（八）国外工程保险发展趋势

目前，国际上出现了由投保单一险种向综合保险转化，由各承包商分别投保向业主统一投保转化和工程保险标准化、国际化三大发展趋势。

1. 工程综合保险发展

现在，大型工程一般包括了复杂的建筑和安装工作。为了覆盖建筑和安装两种风险和提供综合的保障，慕尼黑再保险发展了工程综合保险。工程综合保险把传统的建筑工程险和安装工程险融合在一个保险合同中，因此它不仅适合建筑工程风险比如桥梁、隧道和大坝，而且适合必须在客户接受前进行试车和性能测试的安装工程风险（像复杂的工业设备和发电厂等）。模块结构的工程综合保险允许任何建筑或安装工程项目进行合适的保险选择。根据工程业主需求，保险人可以根据项目需要使用个性化保单和可以附加的保单扩展来设计一个保险合同。

工程综合保险引入了延迟完工保险（Delay Start Up），对物质损失部分引起的延迟完工导致的被保险人的利润损失，即将原来不可以保障的间接利润损失列入了保险范围，开创了新的保险范围。

2. 主控模式（CIP）工程保险盛行

除了由投保单一险种向综合保险转化，还出现了由各承包商分别投保向业主统一投保转化的发展趋势。主控模式（Controlled Insurance Programs，CIP）是国外最近几年才出现的工程保险新险种。基于工程风险责任方的不同，CIP 又分为业主控制的保险计划 OCIP（Owner Controlled Insurance Programs）和承包人控制的保险计划 CCIP（Contractor Controlled Insurance Programs）。CIP 的基本运行机制是：在工程承包合同中明确规定，由业主或承包商统一购买“一揽子保险”。保障的范围覆盖业主、承包商以及所有分包商。尽管保障的风险不尽相同，但绝大多数 CIP 都涵盖劳工赔偿险、雇主责任险、一般责任险、建筑工程一切险、安装工程一切险等。在 CIP 方式下，工程项目的保险商或保险经纪人在工程现场设置安全管理顾问，指导项目的风险管理，并向承包商和分包商提供包括风险管理程序与 CIP 表格的指南手册。在安全管理顾问的参与下，业主、承包商和分包商制定相关的防损计划和事故报告程序，并在安全管理顾问的监督下严格贯彻实施。

3. 工程保险国际化和标准化趋势

在国际工程保险界近百年的发展过程中，形成了一系列通用的保险条款和行业惯例，其中慕尼黑再保险和瑞士再保险的保险条款使用最为广泛。除了两大再保险巨头外，国际工程保险人协会（IMIA）、伦敦保险集团（LEG）、劳合社非水险承保人协会（NMA）、美国保险服务公司（ISO）也在工程保险行业提供了许多通用的条款与批单，它们也成为国际工程保险行业标准的制定者。另外，大型国际性保险经纪公司也开发了大量的特殊条款以适应大型工程项目风险管理的需要。

二、国内工程保险发展现状分析

（一）保费收入及赔付情况

表 3.2 为中国 1998 ~2008 年工程险与非寿险发展的统计数据，可以看出，中国工程保险的保费收入占非寿险保费收入的比例从 1998 年的 1.18% 到 2008 年的 1.67%，尽管稳中有升，但增幅不大。

表 3.2　中国 1998～2008 年非寿险（含工程保险）发展状况

年份	工程险保费（亿元）	工程险赔款（亿元）	非寿险总保费（亿元）	非寿险保险密度（美元）	非寿险保险深度（%）	全社会固定资产投资总额（亿元）	建筑安装工程的投资额（亿元）	建筑业增加值（亿元）	建筑业企业总收入（亿元）
1998	6.03	1.92	510	6.449	0.892	28406	17874.5	27840	91881.08
1999	5.66	2.23	503	5.933	0.887	29854	18795.9	30220	101476.01
2000	6	2	610	5.7	0.67	32917.7	20536.3	33410	115068.25
2001	6.26	3	688	6.09	0.887	37213.5	22954.9	40240	145743.35
2002	8	4	779	9.2	0.96	43499	26578.9	38224.156	177447.78
2003	12	5	869	11.2	1.03	55566	33447.2	46547.067	220372.69
2004	16	6	1125	12.9	1.05	70477	42803.6	56157.481	276178.8
2005	23	13	1283	15.8	0.92	88773	53382.6	68997.13	331984.91
2006	25	9	1579	19.4	1	109998	66775.8	81163.87	401550.15
2007	32	10	2087	25.5	1.1	137323	83518.3	99443.5	494147.55
2008	39.2	13.8	2336	33.7	1	172828.4	104958.9	119116.5	607364.43

资料来源：来自《中国统计年鉴》、中经网数据库以及瑞士再保险期刊 SIGMA[①]。

保险深度是指保费收入占国内生产总值（GDP）的比例，它是反映一个国家的保险业在其国民经济中的地位的一个重要指标；保险密度是指按照一个国家的全国人口计算的人均保费收入，它反映了一个国家保险的普及程度和保险业的发展水平。中国非寿险的保险密度[②] 1998 年是 6.449 美元，2008 年增加至 33.7 美元；非寿险保险深度从 1998 年的 0.892% 增加至 2008 年的 1%，中国非寿险的保险密度取得较大增幅得益于国家经济的宏观拉动，而保险深度变化不大说明了中国非寿险的发展和普及程度依然很低，中国非寿险的覆盖率依然很低，2008 年全球非寿险保险密度的平均值为 264.2 美元，非寿险的保险深度平均值为 2.9%，其中美国非寿险的保险密度为 2177.4 美元，保险深度为 4.6%；欧洲国家非寿险的保险密度

① SIGMA, Published by Swiss Reinsurance Company Ltd. Economic and Research & Consulting P. O. 8022 Zurich Switzerland.

② 由于中国工程保险的保险密度和保险深度暂无统计数据，考虑到工程保险属于非寿险的一个组成部分，因此用中国非寿险的保险密度和保险深度来替代，说明中国工程保险在建筑业经济中的地位和工程保险的普及和发展程度，以及变化趋势。

平均值为799.8美元，保险深度为2.9%①，而中国非寿险的保险密度为33.7美元，保险深度为1%，明显低于世界平均水平，与发达国家相比差距更大，尚有很大的改善空间。

中国工程保险的保费收入占全社会固定资产投资的比例，从1998年的0.21‰，到2008年的0.22‰，近十年几乎没有发生变化。中国工程保险的保费收入占建筑安装工程投资额的比例，从1998年的0.33‰，到2008年的0.37‰，近十年变化甚微。粗略地按照工程保险费率3‰的均值估算（扣除不需要承保的部分，比如投资中的土地购置和拆迁等费用），国内工程保险投保率低于30%，而发达国家建设工程投保率几乎接近100%。

（二）工程保险业发展的困境和原因分析

工程保险作为一项风险管理技术手段，在国外已经有了非常成熟和完善的规定，已经被世界各国所接受和广泛采用，而且在实践中，随着各国公认所采用的FIDIC工程合同范本的逐步发展和完善，各国对工程保险的认可和重视程度越来越高，很多国家已开始通过法律或其他措施对工程保险做出强制购买的要求。

同样在中国工程保险也是越来越被人们所重视，尤其是随着目前中国基础设施投资力度和工程建设规模的不断加大，以及新技术和新工艺的不断运用，风险不断加剧，因此对运用工程保险来防范和转嫁风险的消费需求也与日俱增。尽管市场对工程保险的潜在需求旺盛，然而由于长期的体制等深层次原因，中国工程保险的消费市场发展缓慢，制约中国工程保险需求和消费发展的因素众多。

1. 消费环境方面的困境

（1）制度缺位，立法欠缺。

①没有明确的工程保险法规。

国家有关部门对于通过工程保险制度解决工程建设过程中的风险问题一直未能予以高度的重视，尽管《建筑法》《保险法》《担保法》相继出台，然而却没有明确的工程保险制度这样的国家性法规，这一先天不足可能会使一些试点的推行工作因没有法律依据而无所适从。

---

① SIGMA, Published by Swiss Reinsurance Company Ltd. Economic and Research & Consulting P. O. 8022 Zurich Switzerland, 2009 (3).

例如，作为中国建筑领域的基本大法《建筑法》并没有给工程风险管理问题以应有的地位，其中的第五章“建筑安全生产管理”更多的是从事前防范的角度提出一些要求，关于保险问题，仅是在第四十八条规定：“建筑施工企业必须为从事危险作业的职工办理意外伤害保险，支付保险费。”而从发达国家的经验看，完善的法制环境是发展工程保险的重要途径。譬如法国于 1980 年颁布的《建筑职责与保险法》就明确规定：凡是涉及工程建设活动的所有单位，包括业主、建筑师、总承包商、设计单位、施工单位、建筑产品制造商、质量鉴定机构等均应当向保险公司进行投保，保险的范围包括新建、改建或维修工程，同时，还包括可能产生的第三者责任风险。此外，中国有关部门在加强建筑领域的行业管理的过程中，也没有将工程保险作为一种风险管理的重要手段加以推广，工程保险在行业管理的领域一直未能够得到足够的重视。

②没有对风险分担做出明确规定。

业主和承包人在投保之前，势必要对各自承担的风险予以分配，否则当保险事故发生时，就会出现责任难以界定、当事人相互推诿扯皮的情况，给索赔以及赔付工作带来麻烦。但是，中国目前对风险分担并没有明确规定。

建设部和国家工商局 1991 年制定颁布的《建设工程施工合同（示范文本)》，是中国首次由政府主管部门提供给当事人推荐使用的建设工程示范文本。“1991 年版示范文本”中虽然已经有关于工程保险的规定，但是并不严密并且明显缺乏可操作性；特别由于其为任意性条款，对当事人而言更不具有警示性和强制性。显然，1991 年版《建设工程施工合同（示范文本)》对工程保险持一种可有可无的、任意性的、完全由当事人自主决定的态度，如项目决定购买保险，则按照此条款执行；如当事人不购买保险，则任由当事人自便。

1999 年建设部和国家工商局又先后制定了《建设工程施工合同（示范文本）（GF—1999—0201）修订版》《建设工程勘察设计合同（示范文本)》《监理合同（示范文本)》三种合同文本。在“1999 年版”《建设工程施工合同（示范文本)》中，政府主管部门对工程保险的态度发生了明显的变化，其中第 40 条就保险内容做出了规定，保险项目主要涉及工程本身、工程物料以及待安装设备，自有人和第三人人身伤害保险、高危作业意外伤害保险等，规定比“1991年版”有所进步。但是对于风险责任分担仍然没有明确规定，而是由发包人和承包人协商约定。

由上可见，建设主管部门实际上对风险分担这一问题并未予以足够的重视。业主或者承包人内部之间的风险分担，不应当也不可能由保险人代为规定。在工程实际中，除《建设工程安全生产管理条例》规定高危作业意外伤害保险由施工单位（即承包人）承担外，其他风险责任主体都没有落实。因此，关于风险分担问题中国基本没有明确规定。

③投保方式不明确且不具有强制力。

建设工程保险中，投保人至少包括业主、施工承包商双方。那么，投保时究竟是分别投保呢，还是由某方统一投保呢？哪些风险由业主投保，哪些风险由承包商投保？实践中，由于工程招标投标竞争异常激烈，承包商为中标一般不愿意投保或者仅仅少量投保，投保项目不能完全满足工程建设风险管理的需要；如果业主投保，能否切实为承包商的利益着想？工程质量保险应如何去投保，投保多少年的质量缺陷期？缺乏统计数据，缺乏工程事故记录和施工方的以往记录，承包商本应尽的保修义务和保险的保障范围如何区分？如何触发保险公司的理赔机制？由谁来对事故责任进行鉴定？解决上述问题的机制缺乏，缺乏相关的制度法规。

建设部《关于工程保险的若干意见》第3条第3款规定：“鼓励建设单位（或开发单位）牵头，就建设工程项目统一投保。”但是这仅仅属于提倡鼓励，并不具有法律强制力。

上海市《关于上海市工程保险指导意见》提出了“共投体、共保体”的新思路。该文件规定按照“共同投保、共同保障、共同控制、相互制衡”的原则实施建设工程风险管理制度。所谓共同投保，即参与工程建设的建设单位、勘察设计单位、施工承包单位共同投保建设工程保险，确保工程建设和竣工后一段时间内的安全质量事故和缺陷损失能获得经济补偿。上海“共投体、共保体”新机制对于投保方式是一种大胆创新，这与国际上最近兴起的CIP保险模式有异曲同工之处。原来业主和承包商为了谁来投保往往难以达成一致意见，在某种程度上形成对立关系；采用上海提出的新思路，两者却变成了同一方，共同代表被保险人的利益，制度设计上有效避免了彼此的推诿扯皮。但是，上海模式也只是一种区域性的尝试，从全国范围来讲，关于投保方式尚没有明确且具有强制力的规定，这也使得中国工程保险投保率长期偏低。

④保险费用来源不明确。

长期以来，中国的工程建设领域采用的是较为严格的价格管理体制，通过强制性的规范和定额管理制度来保证工程建设领域价格的科学、公平和规范。但在中国工程成本的管理制度中工程保险保费的列支问题一直是“缺项”。仅有《建设工程安全生产管理条例》第 38 条规定意外伤害保险费由施工单位承担，其他险种均未列入投资预算，而是由各责任主体自主协商承担有关保险的保险费。在中国现阶段各责任主体风险意识不强的情况下，业主和承包商等都没有动力办理全部保险，客观上造成建筑市场相关主体既无投保的资金来源又无投保的压力，特别是国家重点工程项目，风险损失的补偿大多通过财政拨款或追加投资方式解决。工程实际中，保险费通常会在承包商们的第一轮自我压价中“出局”。替业主先行垫付保费的承包商在事后结算中，多数放弃索讨这笔费用。迫于某些投标条件或“世行贷款”项目的压力，承包商不得不被动投保，但此种情况下买的保险常常形同虚设，小事理赔得不偿失，大事又赔不了，所以很多承包商“买不买保险无所谓”的心态形成已久。保费列支问题始终是制约工程保险发展的一个关键性的“瓶颈”。令人遗憾的是直到 2003 年建设部重新制定并颁布的工程价格管理的重要制度即《建筑安装工程费用项目组成》中仍然没有解决工程保险费的列支问题。

目前国外实施工程保险和保证担保制度的国家，保险公司和担保主体监督合同的实施，建设方交了保费后就不再缴纳工程质量监督费和施工安全监督费，而在中国保费将与工程质量监督费、施工安全监督费重复缴纳，进一步加重了建设方的负担。在中国工程保险和保证担保制度日渐成熟后，可考虑取消这两项费用。实行工程保险和保证担保，势必增加工程成本，国家有关部门应做出规定，解决保费列入投资概预算的问题。目前建设工程费用构成中并没有列入工程保险的投保费用，这使施工企业投保工程保险后成本增加，因而施工企业竭力回避工程保险。所以必须通过经济和法律手段，合理、有效地调控投保费的支出，逐步建立符合工程保险业成长的经济环境。

⑤建设项目风险与业主利益没有直接挂钩。

大多基础设施项目由国家投资，建设工程发生事故后，基本还是财政追加投资，损失都由国家来承担，后续的问责制度不清；已经实行的项目法人责任制也是形同虚设，还是政府的一套人员，挂两个牌子。工程损失之后亦无惩罚机制、激励机制和信息披露机制，使得国家公共利益遭受损失，这种管理体制下更没有投保和风险控制的积极性。建设项目的风险与法律意义上的业主的个人利益没有直接挂钩，这使得业主很难成为工程保险的推动者。在商品住宅工程质量领域，当商品住宅出现质量事故，消费者的利益遭受严重损失时，由于工程质量纠纷十分烦琐，消费者为保障自身的合法利益，不得不与开发商、承包商、监理和设计等工程相关方进行旷日持久的拉锯战，可能会贻误工程修复的最佳时机。政府的干预措施不到位，消费者维权的成本高，难度大，影响了维权的效果，助长了工程建设方对工程质量的漠视。

由上述分析可见，只有建立和完善与工程保险业相关的法律体系、出台专门适合工程保险的法律法规、理顺工程保险市场秩序，才能使中国工程保险业顺利地与国际接轨。

（2）市场不完善。

①建筑市场恶性竞争。

长期以来中国建设工程市场竞争激烈，施工方往往为了中标，采取价格战略，采用低价中标，压缩成本，在保险费本来就无出处的状况下，更加不愿意投保工程保险。从承包商方面看，建筑市场不需要承包商履约担保，建筑市场的准入主要看企业的资质，而不是风险承担能力。业主对承包商的要求主要是垫资能力、低价承保能力、与业主长期的合作关系等，而不是各类担保。由于建筑业的激烈竞争，承包商也没有转移风险的动力和能力。另外，由于意识、谈判地位、最终价格等问题，工程保险的真正受益者，包括企业、从业人员、建筑产品的最终消费者还没有形成表达正当交易需求的力量。业主和总承包的发包方在市场交易中属于强势群体，当强调公平交易的工程保险制度与强势群体的利益发生冲突时，就会遭到自觉和不自觉的抵制。

②保险中介市场有待进一步提高。

从国外工程保险的发展历史看，保险中介在工程保险的发展过程中一直发挥着重要的作用，并形成了较为完善的工程保险市场体系。在中国保险市场的发展过程中，保险中介行业发展迅速，截至 2010 年上半年，全国共有保险专业中介机构 2538 家。其中，保险代理公司 1856 家，保险经纪公司 381 家，保险公估公司 301 家①。这些中介组织的出现与发展对中国工程保险的发展起到了积极的推动作用。但目前中国工程保险中介组织的发展仍然处于初级阶段，具体表现在业务发展方面。保险代理人和经纪人仍然习惯于利用一些社会关系开展业务，希望通过价格和承保条件争取业务。尽管这些均是工程保险业务发展的重要因素，但自身的技术优势才是工程保险长期、健康发展的基础。在风险和理赔检验方面，大多数保险公估公司的从业人员知识背景较为单一，很少有保险专业且具有多年建设工程实践工作经验的复合型人才，这些人员对于保险和工程保险的知识有限，特别是涉及一些基础和特殊的领域，往往不能很好地理解和把握，也就难以与被保险人进行沟通，直接影响了赔案处理的速度、质量以及对于被保险人的服务水平。

③相关配套体系不足。

目前中国社会诚信水平较低，逆向选择和道德风险很大，不诚信与违法成本较低；国家信用管理制度体系的不完善，导致诚信的保障机制、惩罚机制和监督机制缺乏。工程保险出险原因调查困难，保险公司、保险公估人技术力量薄弱，而由于出险后建设工程需要尽快修复，建设方经常在报损以后未等到保险公司及公估人确认的情况下，出于工期或工程修复的客观考虑，已将出险工程修复完毕，这也造成了损失理算困难的加剧，这时如果客户将损失多报，那么就对保险公司和保险公估人的甄别能力提出了较高要求，因此经常会因无法有效甄别实际损失，而出现不诚信骗保的现象。而且中国目前尚未建立工程质量信息档案管理体系，如果不诚信被识破，也不会有惩罚性的措施，而不像国外惩罚措施极其严厉，并将被记录在案，会对其未来的投保产生严重的影响。

此外，建设行业协会的协调作用尚未有效发挥，也未建立有效的工程事故信息系统，无法为工程建设参与方和保险公司、保险代理人提供工程质量事故损伤信息。保险公司、保险代理人也因此无法在投保和理赔时依据这类信息对投保人的资信状况、风险管理水平加强评判。

④缺乏有效的工程保险费率监管机制。

---

① 保监会《2010 年上半年保险中介市场报告》。

在工程保险市场，保险费率是采用个别法，即针对具体工程的风险单独制定保险费率标准。不少保险公司不从产品和服务上创新和提高，而是采用简单方式，把降低或变相降低承保费率当作主要的竞争手段，把满足被保险人的不合理要求作为竞争的筹码。中国一些高风险的大型项目，如地铁、高速公路的承保费率已经低于国际工程保险市场的价格。保险费率不但未能发挥其市场引导作用，反而沦为追求经济利益的工具。美国“9·11”事件之后，国际保险市场工程保险费率大幅上升，而中国由于恶性竞争工程保险费率却不断下降，导致不能得到国际再保险市场的有效支持。

（3）人才缺乏，技术水平不高。

工程保险的特点决定了其对技术有较高的要求，从事工程保险的人员不仅要熟练掌握保险和工程保险的理论和实务，还要对工程技术和风险管理理论特别是对工程计价的理论有相当深的理解与掌握。只有这样才能够科学地制订承保方案，有效地控制经营风险。同时，能够与被保险人保持良好的沟通，对于保险项目的风险管理提出一些具体和有价值的意见和建议，在处理理赔案的过程中能够更好地与被保险人进行交流并取得一致。

在保险业发达的欧美国家，工程保险方面的人才多有较严格的筛选制度，获得一定的职业资格后方可上岗并定期接受业绩考核。这些国家的保险公司中大多设有工程部，有专业人员负责经营工程保险并办理相关业务。

中国的工程保险发展迅速，但是人才队伍的建设显然难以适应业务快速发展的需要。据中国保险协会统计，中国工程保险人才缺口很大，而大量缺乏必要培训的人员进入这个领域，他们对于工程保险条款的理解、保险方案的设计、工程风险的控制以及售后服务等方面，无论是理论层面还是实务领域均难以适应。因此，在工程承保过程中以及出现工程险情后，保险公司不得不聘请专业从事工程项目管理的工程师或具有工程技术知识的专家来参与承保和理赔工作，使承保及理赔费用大大增加。尽管聘请的专家对工程技术及工程造价技术十分精通，然而对工程保险条款了解不够深入，这些客观现实使客户的投保积极性受到挫伤，限制了工程保险的发展。这种状况的直接后果是阻碍了工程保险的进一步发展，同时为健康经营埋下了隐患，这也是目前中国工程保险业务质量不断恶化的一个重要原因。

2. 感知价值方面的困境

工程保险产品质量不高，保险服务水平无法满足消费者的需求，与消费者的预期差距较大，导致消费者对工程保险产品的价值满意度和认可度较低。

首先，已开发的工程保险的险种不多，费率标准差异不大，保单内容缺乏可选择性，无法满足一些建设工程的个性化需求。

其次，保险公司的服务水平有待进一步提高。中国的工程保险是从国外引进，一般只引进了条款，引进的管理技术较少，服务的知识和技术含量低。风险管理的手段落后，从业人员素质不高。在“预防风险”方面做得不够，重承保、轻防灾，未能有效介入工程风险管理。

最后，由于占财产市场主导地位的国资背景的大公司受计划经济惯性影响较深，财产保险业一直受传统的以自我为中心的“产品观念”或“推销观念”的影响，不重视产品的质量，而是将主要精力放在产品的推销上，通过保险产品销售来获取利润，关注的是如何成功地将保险产品从财产保险公司转移到顾客手中。为了多销售产品，多获利，积极研究和运用推销技巧，有时甚至采取一些不正当的商业手段，急功近利，短期行为盛行（刘慧峰，2005；裴光，2002）[114][115]。

3. 保险意识方面的困境

（1）工程建设方风险意识较低。工程建设方风险意识较低，对保险的认识不足，对保险公司不信任，保险业在人们心目中形象较差。保险需求总量与人们的风险观念和风险意识密切相关。中国的经济水平和发展已经取得了举世瞩目的成就，但中国国民的保险意识不强是公认的事实，这主要体现在中国的保险深度和密度比世界平均水平还要低。究其原因，其一，虽然中国的综合国力已进入世界前列，但人均收入却远远落后于西方发达国家，这就使得居民对购买保险心有余而力不足，保险意识也就会相对较弱。一般来说，人们生活水平越高，风险意识越强，购买保险的可能性越大，数量也就越多。而现实中的许多工程建设方对工程保险十分怀疑，认为保险就是花冤枉钱，认为大的损失赔不了，小的赔不赔无所谓。产生这种认识有外部环境强加的，也有自身的原因，如对寿险的切身体会。即使业主在招投标时有保险费这一项，由于没有强制的要求，承包商也会千方百计予以截留，用作其他用途。或者在预算中包含了保险费，业主私自将该款全额或部分截留。其二，要结合历史发展的过程来考察人们的保险意识问题。人们的风险观念或保险意识的形成要经过一个长期的发展演变过程，绝不是一蹴而就的。

（2）公众对保险的印象不佳。目前，大部分保险公司内部开发、销售、管理、理赔等各项业务相对独立，各管一摊，互不相干。保险公司对保单宽进严出，投保容易退保难，理赔更难，严重损害保险公司形象。在工程保险领域，销售渠道主要是直销和保险代理人。无论是直销还是保险代理人的业务，投保和理赔是两张皮。在保险公司内部，营销人员只管完成销售业绩，对条款是否理解，客户真正的需求以及风险防范都是漠不关心的。在投保时为获得承保份额，往往向客户盲目宣传，扩大保险责任。而在理赔遇到困难时，不是与理赔部门积极沟通，向客户合理解释，而是要么对理赔部门施压，要么欺骗客户，这严重误导了客户对保险的理解。如果是保险代理人的业务，保险代理人更多的是关心经纪费的多少，经常也会向客户扩大保险责任的宣传，在理赔时逼迫保险公司做出有悖于保险合同的让步。保险的营销、风险管理和理赔机制三方脱节的不完善机制，也是产生不遵纪守法的温床。

上述原因制约了消费者对保险产品的有效需求，导致消费市场发展严重滞后。

三、国内外工程保险的比较分析

（一）中外工程保险险种的对比

在工业发达的国家和地区强制性工程保险主要有以下几种：建筑工程一切险、安装工程一切险、施工用机具车辆险、质量责任险、职业责任险等。从国外的发展趋势和研究现状来看，发达国家的强制工程保险制度相对比较成熟，一般都有多个成功实施的强制工程保险险种，并且在强制工程保险的立法、实施和监管方面都积累了大量成熟的经验，形成了适合自己国情的运作模式。而中国目前在这方面相当薄弱，应该认真吸取这些成功经验，并结合中国的具体国情，建立中国的工程保险和风险管理体系。

表3.3为中国与发达国家工程保险险种的情况对比。

表3.3 国内外工程保险险种对比

国家及组织	险种	特点
美国	承包商险*、安装工程险*、承包商设备险、劳工赔偿险*、一般责任险*、职业责任险*、施工用机具车辆险*、环境污染险	业主统一投保的综合险*。保险险种齐全；保险公司返赔率高，利润率低；各方主体共同进行风险管理；相配套的法律体系健全完善
法国、西班牙	实行强制性工程质量保险制度。《建筑职责和保险法》强调凡是工程建设活动所有单位，包括业主、设计商、承包商、分包商、建筑产品制造商、质量检查公司等，均须向保险公司投保。投保内容包括新建、改建和维修工程的结构失效以及建筑所在场地的破坏等	十年责任险*和两年责任险*。实行工程质量责任保险强制制度；建筑工程质量协会作用积极
英国	雇主责任险*、人身伤害意外险*、货物运输险、施工机具车辆险*、履约保障险、雇主忠诚险、职业责任险*、工程交付延迟及利润损失险*、工程质量保证险	运用规范；险种丰富；未投保工程保险的建设项目将无法取得银行贷款；保险中介发达；投保以业主投保为主
德国	承包商责任险*、工伤保险*	建筑业事故保险联合会全权负责雇员的工伤保险；风险责任分担明确；具有严格的工程监督管理制度
加拿大	贷款保证保险、建筑安装工程一切险及第三者责任险、财产险、营业收入险、职业责任险和人身意外险	费率与企业资质挂钩；大项目通过行业协会投保；保险公司注重投资弥补赔款损失
日本	建筑工程一切险、第三者责任险、劳动灾害综合保险*、履行保证保险和履行担保	市场化程度高；政府干预为辅；保险代理起重要作用
FIDIC	涉及险种：工程保险、承包商设备保险、人身财产损害保险、第三者责任险、雇主责任险以及咨询工程师责任险等	FIDIC《土木工程施工合同条件》
中国	建筑工程一切险、安装工程一切险、第三者责任险、建筑职工意外伤害险*、工程建设监理责任险	制度缺位，配套体系不健全不完善，保险环境恶劣；险种单一，保险产品质量和服务不佳，强制的险种只有一种；费率不合理，风险管理水平低下；投保率低；保险中介不发达；缺乏复合型人才；保险意识低下

续表

国家及组织	险种	特点
发达国家共同点	制度体系健全完善；险种涉及范围广、强制险种多；投保率基本都在90%以上；保单形式丰富，保险产品质量和服务令人满意；保险公司内部均拥有大量掌握工程技术或专业知识的工程师或科学家；保险经纪人、代理人、公估人、保险同业协会、精算师事务所、律师事务所专业、组织发达	

注：带“*”表示此险种属于强制保险。

（二）中外建设工程管理制度涉及工程保险制度部分的对比

1. 发达国家涉及建设领域工程保险的合同细则

国际咨询工程师联合会（FIDIC）的《土木工程施工合同条件》、英国土木工程师协会（ICE）的《新工程合同条件》、美国建筑师协会（AIA）的《建筑工程标准合同》等都针对工程保险制度做出了具体规定。在新加坡、美国和中国香港地区的《土木工程施工合同文本》中对建设工程保险有详细的规定。中国香港地区 1976 年第二版《建筑合同标准格式文本》在 36 条条款中，涉及保险的条款有两条：第 19 条人身与财产伤害保险和第 20 条工程火灾保险。虽只有两条，但内容篇幅占整个合同文本的 1/9，可见文本对建设工程保险的重视。

FIDIC 合同条件作为世界通行的惯例，对工程风险的分担主体作了明确的界定，使发包方与承包方的风险分担公平合理，任何一方违约均要承担相应的违约责任。此外，FIDIC 还规定了工程建设过程中应投保的保险，主要包括建筑（安装）工程保险、承包商设备保险、人身财产损害保险、第三者责任保险、承包商责任保险、咨询工程师职业责任保险以及其他保险如信用保险、保证保险等。以 FIDIC 发布的 1999 年第一版用于由业主设计的《施工合同条件》为例，《施工合同条件》包括以下几个组成部分：通用条件、专用条件编制指南、投标函、合同协议书和争端裁决协议书格式。通用条件部分在划分了业主与承包商的风险责任基础上，在第 18 条规定了有关保险的内容，具体包括 4 款内容[116]：

（1）第 18.1 款是“有关保险的一般要求”，该款对投保方进行了定义，对于向联合被保险人提供保障的保险单，引入了交叉责任原则，“保险赔偿应如同已向联合被保险人的每一方发出单独保险单一样，对每个被保险人分别实用”。

（2）第 18.2 款是关于“工程和承包商设备保险”的规定，规定了保险标的的范围、保险金额、保险的有效期间。尤其是明确规定了保险费用的来源，投保所需的保险费用，通常由承包商在工程量报价单的专门项目中列明；如报价单中无专门项目，承包商则应将其列入自己的管理费用，保险费用属于业主工程成本的一部分。

（3）第 18.3 款是关于“人身伤害和财产损害险”的规定，本款主要规定了第三方责任保险，其中将保险责任扩展到了由于承包商履行合同引起的业主方人员伤亡及业主财产的损失及损坏。

（4）第 18.4 款“承包商人员的保险”规定了雇主责任险，另外，承包商还应遵从工程所在国的法律对自己雇用的当地劳工进行投保的规定，一般当地法律中对此类保险规定有最低限额。

（5）因为财产所有者最愿意保护自己的财产，雇主也最容易管理自己的雇员，所以自然风险与社会风险对财产的损害按照所有权承担、对人身的伤害按照雇佣关系承担最为合理。

（6）鉴于风险无法消除和避免，当事人承担灾害损失的能力有限，FIDIC 规定：承包商应当以合同工程、业主材料及设备、承包商自身设备为标的，将自然风险及行为风险向保险公司转移，以增强合同双方抵御灾害风险的能力，同时保障业主利益不受承包商不良行为或者过失的损害。

（7）即使在交钥匙合同下，业主仍然要承担一定风险，例如战争、恐怖主义及类似情况、不可抗力风险等。

2. 中国建设工程管理制度涉及工程保险的法律法规

中国现有涉及工程保险的法律法规见表 3.4。

表 3.4 目前中国现有工程保险相关的法律法规

法律	保险法、建筑法、安全生产法、合同法、担保法
行政法规	建设工程质量管理条例、建设部房屋建筑工程质量保修办法、建设工程勘察设计管理条例、工程建设监理规定、建设工程施工合同示范文本、招标投标法、建设工程勘察、设计合同示范文本、工程建设监理合同示范文本、世界银行贷款项目采购招标文件范本、建设工程质量管理条例、建设工程质量检测工作规定、建设工程保修办法（试行）（1984）、工程建设重大事故报告和调查程序规定

续表

法律	保险法、建筑法、安全生产法、合同法、担保法
部门规章	建筑业企业资质管理规定、造价工程师管理办法、建筑工程施工许可管理办法、建筑安全生产监督管理规定、关于推进建设工程质量保险工作的意见（建设部和中国保监会）
地方性法规规章	关于建立上海市建设工程风险管理制度试点工作的指导意见（草案）

其中涉及工程保险的内容：

（1）新《保险法》对工程保险没有明确规定。新《保险法》第三十三条仅仅规定："财产保险合同是以财产及其有关利益为保险标的的保险合同。"从此只能牵强得出建筑工程一切险和安装工程一切险两个险种属于财产保险范围，至于险种的具体内容、保险责任、强制与否等都没有提及；此外，工程保险除财产损失保险外，还涵盖责任保险和人身伤害保险，新《保险法》对此也没有具体规定。

（2）《建筑法》第四十八条规定建筑施工企业必须为从事危险作业的职工办理意外伤害保险支付保险费。

（3）《安全生产法》第四十三条规定生产经营单位必须依法参加工伤社会保险，为从业人员缴纳保险费。

（4）《安全生产法》第四十四条规定生产经营单位与从业人员订立的劳动合同，应当载明有关保障从业人员劳动安全，防止职业危害的事项，以及依法为从业人员办理工伤社会保险的事项。

（5）《安全生产法》第四十八条规定因生产安全事故受到损害的从业人员除依法享有工伤社会保险外，依照有关民事法律享有获得赔偿的权利，有权向本单位提出赔偿要求。

（6）《建筑法》第六十二条规定建筑工程实行质量保修制度。

（7）《建设工程质量管理条例》第三十九条规定建设工程承包单位在向建设单位提交工程竣工验收报告时，应当向建设单位出具质量保修书。

（8）《建设工程施工合同（示范文本）》中与建筑工程一切险、雇主责任险和人身意外伤害险相关的内容为第四十条规定：工程开工前，发包人为建设工程和施工场内的自有人员及第三者人员生命财产办理保险，支付保险费用。运至施工场地内用于工程的材料和待安装设备，由发包人办理保险，并支付保险费用。发包人可以将有关保险事项委托承包人办理，费用由发包人承担。承包人必须为从事危险作业的职工办理意外伤害保险，并为施工场地内自有人员生命财产和施工机械设备办理保险，支付保险费用。保险事故发生时，发包人、承包人有责任尽力采取必要的措施防止或者减少损失，具体投保内容和相关责任，发包人、承包人在专用条款中约定。

尽管中国在法律框架上对工程保险提出了一定的限制和规范，现有法律条款中已经存在涉及各项工程保险实施的依据，但是其内容比较分散，而且可操作性不强。《建设工程施工合同（示范文本）》对工程保险也有相关的规定，但是它不是强制规定，不具备法律效力，因此应当尽早出台专门适合工程保险的行业性法规，以适应中国工程保险发展的需要。

（三）中外工程保险差距的综合比较

通过综合比较，工程保险的中外差距主要体现在：

1. 国内工程保险条款数量少，范围小

建筑工程一切险（CAR）、安装工程一切险（EAR）是中国工程保险市场的主要险种，各家财产保险公司基本上以“1995年版人保条款”为基础开发自己的产品，市场上产品雷同现象非常严重。这一方面虽然说明了1995年版条款的广泛适用性有利于工程再保险安排，但在另一方面给工程业主选择的机会很少，市场竞争演变成单纯的费率竞争。并且，如果将“1995年版人保条款”和慕尼黑再保险工程保险条款对比，可以发现，“1995年版人保条款”范围要比慕尼黑再保险工程保险条款小一些，没有包括延迟完工保险（DSU/LOP）。一些保险公司在产品开发时着重于减少赔偿责任，限制保障范围，它们产品的保障范围比“1995年版人保条款”更加狭窄（李小燕、卢有杰，2006）[38]。

2. 国内工程保险市场承保能力有限，工程保险依赖于再保险

由于中国工程保险的保险标的项目保险金额越来越高，国内承保的工程项目越来越多，国内工程保险的累计赔偿责任逐渐增加，国内财产保险公司的承保能力明显不能满足大型工程项目的需求。

3. 国内外工程风险管理技术差距大

国内保险公司风险管理技术比较落后。目前，中国多数保险公司在风

险管理方面过多地依赖直觉判断，不能进行科学的数量分析。也有一部分保险公司不愿意进行风险管理的后期服务，认为项目风险不大，出险概率很低，风险管理的意识淡薄。然而外资保险公司在项目风险管理上有严格的程序。在安排风险查勘时，与客户进行详细的时间安排，并派相关专业的风险调查人员进行审慎的查勘。通常，风险查勘是定期的，并编制详细的查勘报告，提交风险改善的建议。在定量风险技术上，国外经常使用专门的定量风险评估软件，进行可能最大损失 PML、估计最大损失 EML 等计算，模拟事故发生的概率和损失程度。

4. 国内保险经纪公司与国际保险经纪公司差距巨大

截至 2010 年上半年，全国共有保险专业中介机构 2538 家，其中保险经纪公司 381 家。保险经纪公司参与了众多的大型工程项目，在工程保险领域发挥了重要作用。但是，与国际性保险经纪公司相比，差距巨大。从收入看，2007 年、2008 年、2009 年保险经纪公司实现的工程保险保费收入分别是 10. 97 亿元、16. 02 亿元、24. 27 亿元，占全国工程保险保费收入的比例分别是 34. 84%、40. 83%、47. 00%，占比以每年大约 6% 的速度稳步增长，显示了保险经纪公司在工程保险领域的良好发展态势和在市场中的重要地位①。但与全球保险经纪工程保险保费收入相比依然很少。从大型工程项目上，高技术含量的核电站工程险、能源工程险和延迟完工险大多由外资保险经纪公司完成，国内保险经纪公司参与更多的是公路、铁路等一般性风险工程项目。从再保险上看，国内保险经纪公司集中于工程的原保险安排，很少涉及再保险安排，国内财产保险公司的工程再保险也大多由外资再保险经纪公司完成。在完成大型工程项目保险经纪时，国内保险经纪公司在工程风险管理、再保险技术上也经常需要和外资保险经纪公司合作，得到它们技术和资源上的支持。

四、本章小结

本章是实体章，为比较研究部分。通过对发达国家工程保险制度发展现状和特点的介绍，对比中国工程保险的制度和发展现状，揭示了中国工程保险发展滞后的原因和面临的困境，以及中外工程保险的差距所在，为

① 保监会《2010 年上半年保险中介市场报告》。

中国工程保险的发展提供了经验借鉴。

本章通过研究，认为中国工程保险业发展面临的主要困境有三类：

一是消费环境方面的困境。主要体现为制度缺位，立法欠缺；市场不完善；人才缺乏，技术水平不高。

二是感知价值方面的困境。工程保险产品质量不高，保险服务水平无法满足消费者的需求，与消费者的预期差距较大；工程保险费率不合理，缺乏有效的监管，导致消费者对工程保险产品的价值满意度和认可度较低。

三是保险意识方面的困境。主要体现为工程建设方风险意识较低；公众对保险的印象不佳。

上述原因制约了消费者对保险产品的有效需求，导致消费市场发展严重滞后。

通过综合比较，本章指出工程保险的中外差距主要体现在：

一是国内工程保险条款数量少，范围窄；二是国内工程保险市场承保能力有限，工程保险依赖于再保险；三是国内外工程风险管理技术差距大；四是国内保险经纪公司与国际保险经纪公司差距巨大。

第4章
CHAPTER 4

中国工程保险需求影响因素的实证检验

保险需求是指在一定时间内全社会期望从保险得到的经济补偿总量。经济学意义的需求是针对消费者的购买能力而言的，即指在一定价格条件下，以一定的货币支付能力为基础，消费者愿意、能够并且打算购买的商品数量，即有效需求。就保险商品而言，其价格就是费率。因而，保险有效需求就是指在一定的费率水平上，保险消费者从保险市场上愿意并有能力购买的保险商品数量。

由此可知，保险购买主体的潜在保险需求和有效保险需求往往是不一致的：一种是由自然界和社会经济生活中客观存在的风险损失总量所产生和决定的对保险的需求，即保险的潜在需求；另一种是同需求者的购买能力相联系的需求，即保险的有效需求。保险的潜在需求要远远大于保险的有效需求。

保险需求的表现形式有两方面：一方面是有形的经济保障，指在投保后由于约定的风险事故发生，遭受经济损失和人身损害的企业和个人所得到的经济补偿和给付，即物质方面的保险需求；另一方面是无形的经济保障，指虽然投保后约定的风险事故没有发生，企业和个人没有得到经济补偿和给付，但由于投保而转嫁了风险，心理上感到安全，从而消除了精神方面的紧张与不安，同时保险双方共同防灾防损，减少风险发生的概率及降低可能的损失，即预防性保险需求。就社会而言，物质方面的保险需求是局部的、少量的；而预防性保险需求则是经常的、大量的。

保险需求对保险业的发展具有决定性意义，保险业的发展水平取决于有支付能力的保险需求，如果没有保险需求或保险需求不足，保险业就不能得到发展。

在中国基础设施及建设项目规模迅速扩大的背景下，与市场对工程保险潜在巨大需求不相匹配的是：工程保险的消费规模发展严重滞后，可以满足消费者需求的有效供给不够，导致有效需求不足，实际消费状况不尽如人意。需求是消费的前提和基础，只有有效的需求才有可能产生消费意向与消费行为，研究影响工程保险需求的因素有助于更加准确地把握消费者的行为决策。因此，本章节按照有效保险需求的定义，遵循一般研究所使用的方法，选取适当的变量来研究影响中国工程保险消费者有效需求的因素。需要说明的是，本章的工程保险需求，特指保险的有效需求。

本章在研究了影响工程保险有效需求的因素之后，对中国工程保险保费增长与赔款增长的互动关系进行了实证检验，以判断工程保险与建筑业之间是否存在良性互动关系。针对检验结果，文章随后给出了有益的意见和建议，为做好有效供给，了解和把握消费者的需求和行为规律奠定了基础。

一、理论分析与文献述评

Outreville 在 1990 年和 1996 年发表的论文[117][118]中都表示经济和金融的增长水平与保险市场（包括非寿险市场）的发展呈正相关关系。Skipper (1987)[119]提出经济增长是解释保险需求最重要的因素。Glaeser 和 Sacerdote (1999)[120]认为城市化程度越高，生产性资本越集中，发生损失的可能性越大，保险需求与发生损失的可能性呈正比例关系。Ward 和 Zurbmegg (2000)[121]通过研究发现，欧盟一些国家的经济增长和保险市场发展间呈现双向的因果关系。

这些研究都有力地证明了一个国家的经济增长能够有效地刺激非寿险市场需求的增长，也就是说，经济发展作为非寿险市场需求的影响因素，对非寿险市场需求会产生正向影响。

非寿险市场的发展与人们的风险观念和风险意识密切相关。由于保险是一种无形产品，个人和企业购买非寿险产品的主要目的是减小未来生活或经营的不确定性，以便在损失发生时能够得到保险公司的补偿或给付。随着经济和社会生产力的发展，社会财富不断增加，人们对人身财产安全保障的需求越来越迫切，风险意识越来越强，购买保险的主要动机是使来自不利事件的损失最小化。

Arrow 在 1965 年发表的论文[122]中证明，在理论上，如果一个人越厌恶风险，那么他购买保险产品的保额也就会越高。Szpiro (1986)[123]证明，在理论上，一个人越厌恶风险，其购买保险产品的保额越高，支付的保费也就越多。但是，很难用一个变量来衡量风险厌恶程度。有的研究用受教育程度作为风险厌恶程度的替代变量，认为教育推动了对风险的理解，因此提高了对保险的需求。另外，Outreville 在 1996 年发表的文章[118]中认为教育推动了对风险的理解，即间接地提高了对保险的需求。Szpiro 和 Outreville 在 1988 年发表的文章[124]中也认为，受教育程度越高，对风险的厌恶程度就越低，但考虑到数据的可得性，一些研究将一个地区的教育经费支出作为风险厌恶程度的替代变量，认为地区的教育经费支出越高，对教育的投入力度越大，该地区的平均受教育水平越高，对风险的厌恶程度也就越低。类似地，Schlesinger 在其 1981 年发表的论文[125]中也证明了，最优保险决策与被保险人的风险厌恶程度是直接相关的。这些研究都充分说明一个人对于风险的偏好程度会影响其对保险产品的需求大小，也就是说风险偏好对非寿险的市场需求会产生影响。

在对中国非寿险需求影响因素的实证分析中，夏才生（2000）[126]认为影响非寿险需求的主要因素是风险意识、经济发展水平、法律环境、经济体制、保险供给质量及服务水平、强制保险等，从而指出中国非寿险保险需求的现状和特点是：总体需求水平较高，而非寿险增长明显趋缓，与发达国家相比，中国保险业发展水平差距明显，保险需求潜力大。肖文、谢文武（2001）[127]主要讨论了 GDP 对保费收入的正向作用。徐爱荣（2002）[128]、吴江鸣、林宝清（2003）[129]认为政府宏观经济政策对保险需求有重要的影响。林宝清、洪锡熙、吴江鸣（2004）[130]则单独研究了财产险需求对收入的弹性大小，认为中国的财产险保费收入增长率相对于 GDP 的增长率会略高于国际水平；赵桂芹（2005，2006）运用面板数据分析了 1997～2003 年中国国内 31 个省（市、区）非寿险需求的影响因素，研究发现：在以地区生产总值为控制变量的条件下，第二产业总值、建筑业总产值、货运量及进出口贸易总值对非寿险费收入有显著的正向影响；而第三产业和外商投资总额对非寿险费收入的影响尽管为正，但不显著；教育经费支出（风险意识的指标）对于非寿险有着显著的影响，说明人们对于风险认识的提高有助于非寿险的发展。另外，研究还发现：经济因素、消费意识和市场竞争程度对一个地区的非寿险消费有显著的正向影响；GDP 和教育支出对非寿险保费收入的影响显著，且是正向影响，而损失可能性因素，如交通事故损失、火灾事故损失以及农业受灾面积对非寿险消费的影响为正，但并不显著，说明中国非寿险市场还有广阔的发展空间。钱珍（2006）[133]则选取 1980～2003 年的时间序列数据，运用多元线性回归模型分析，发现国内生产总值、固定资产投资对非寿险需求具有显著影响，而通货膨胀率和城乡储蓄存款余额对非寿险需求影响有限。刘荣茂、郑婷婷(2007)[134]利用1985~2005年的时间序列数据，得出投保人的保险意识水平、收入状况、固定资产投资额以及市场竞争对非寿险需求都存在明显的正相关关系，而保险价格的变动对保费收入的作用不显著的结论。夏益国(2007)[135]运用1985~2005年的相关数据分析得出的结论是：经济增长、消费者的保险意识、风险水平对非寿险需求有着显著的影响，而非寿险价格和非寿险市场的供给因素对非寿险需求的影响并不显著。江生忠(2008)[136]通过实证分析认为国内生产总值、通货膨胀率与非寿险保费收入呈正相关关系，且国内生产总值的影响力较大，而固定资产投资没有表现出明显的相关性。而在对中国非寿险需求的地区性差异分析中，江生忠研究认为地区的非寿险市场需求与当地经济发展水平和固定资产投资都呈显著的正相关关系。黄泽勇（2009）[137]采用1997~2006年相关数据进行实证分析，结果表明，人均GDP是影响非寿险保费收入的重要因素；固定资产投资对非寿险保费收入的增加所起的作用不明显；非寿险保费收入与市场结构关系不显著，与保险补偿功能的实现正相关。

以上文献的作者所取的因变量基本一致，即用非寿险保费收入衡量非寿险的需求。而解释变量的选取，起初考虑因素较少，之后逐渐兼顾多个因素的影响。

从以上众多文献的研究成果可以发现，影响非寿险需求的因素是多方面的，从经济、政治、社会、法律各个方面来看，人们的保险意识、经济发展水平、科技因素、居民收入水平、产业结构的变化、通货膨胀率、保险价格（即保险费率水平）、法律环境、保险产品的供给质量和服务水平、风险水平（即损失发生的可能性）、强制保险因素等都会对非寿险需求产生一定的影响。目前所有的相关文献都认定经济增长对非寿险需求的影响是关键的。市场经济环境下，经济规模越大，经济增长越快，保险的需求就越大。发达国家除了保险发展历史悠久之外，之所以保险需求水平高主要还是源于其经济发展水平高。同样，从个体来看，保险需求与个体收入水平呈正比关系；从整体来看，保险需求与国民收入也呈正相关。再从固定资产投资与非寿险需求间的关系看，非寿险需求的增长速度基本上与全社会固定资产投资的速度呈稳定正相关关系。

综合以上文献的研究成果，可以把影响非寿险需求的因素归纳为三类：①经济发展水平、财富积累和企业生产盈余水平；②风险水平（损失发生的可能性与可能的损失的大小）和保险价格；③风险意识和保险意识。

二、工程保险需求模型的建立及检验

（一）工程保险需求影响因素变量的选取

上一节提到的诸多学者对非寿险需求的影响因素进行了研究，取得了一些成果，然而对工程保险需求影响因素的研究还比较欠缺。由于工程保险也是非寿险的一部分，对非寿险需求的研究方法同样可以借鉴到工程保险的研究中，由此通过类比，可得出影响工程保险需求的因素主要是：

（1）建筑业增加值和建筑企业总收入。

建筑业总产值和总收入的高低，可以反映出企业可支配收入水平和财富水平。建筑业总产值是指建筑业在一定时期完成的以价值表现的生产总量，是反映建筑业生产成果的综合指标。建筑企业总收入是指与企业生产经营直接有关的各项收入，包括工程结算收入和其他业务收入。当建筑业经济发展处于较低水平时，总产值和总收入一般会很少，这时企业主要把收入用在基本生产消费上，而对于非必需品保险产品的需求一般很低或存在侥幸心理。当经济发展处于较高阶段时，建筑业总产值和总收入较高，企业除了把收入用于必需品的消费上，还有部分剩余。这时企业的消费层次就会提高，会增加对非生产必需品的消费，如增加对保险产品的需求。因此，建筑业总产值（建筑业的 GDP）和总收入越高，对保险需求就越大，保费的收入也就会相应增加，两者之间呈正相关。

由于总产值包括转移价值的多次重复计算，因此其数值最大，但它不能确切地反映生产发展状况。建筑业增加值是指建筑业企业在报告期内以货币表现的建筑业生产经营活动的最终成果，是生产活动所增加的价值。它是建筑业在一定时期生产产品和提供劳务过程中产生的净产值和固定资产折旧的总和，是反映建筑业生产、经济发展情况和为社会所做贡献的综合指标。由于增加值是指扣除物质消耗转移的价值，即扣除原材料、燃料、动力消耗和各项劳务消耗以后的价值，其数值最小，可以比较确切地反映生产的规模和速度。随着现行统计制度方法逐步与国际接轨，总产值指标已经逐步被增加值指标所代替，因此选取建筑业增加值和建筑业总收入来代表经济发展水平、财富积累和企业生产盈余水平。

（2）建筑安装工程投资额。

建筑安装工程投资额是指建设单位用于建筑和安装工程方面的投资，包括用于建筑物的建造及有关准备、清理等工程的投资，用于设备的安置、装配工程的投资，是以货币表现的建筑安装工程的价值，其特点是必须通过兴工动料、追加劳动才能实现。建筑安装工程投资额为建筑安装工程等险种提供了投保的物质基础。建筑安装工程投资额的增加使得建筑业的物质财产也相应增加，亦使可能遭受风险损害的标的增加，从而增加了对工程保险的需求。

消费者是否购买保险来转移和分散风险在很大程度上还取决于其风险水平、保险价格和保险意识等。为便于研究，并考虑到数据收集的可能性，本章以建筑安装工程投资额、建筑业增加值和建筑业企业总收入为解释变量，按照一般的研究方法，因变量选取工程保险费收入作为工程保险需求的衡量指标。

（二）模型的建立与分析

（1）模型的建立。

①数据的来源和预处理。

对表 4. 1 的数据来源和数据调整的说明：由于中国工程保险复业时间十分短暂，目前仅能收集到 1998 ~2008 年的工程保险保费统计指标，因此表 4. 1 为中国 1998 ~2008 年的工程保险毛保费收入及同期的建筑业统计指标：建筑安装工程的投资额、建筑业增加值、建筑业企业总收入（其中图 4. 1 为原始数据）。由于数据的对数变化不改变原来的协整关系，并能使其趋势线性化，消除时间序列中存在的异方差。因此对建筑安装工程的投资额、建筑业增加值、建筑业企业总收入取对数，见表 4. 2。

表 4. 1　原始数据　　单位：亿元

年份	工程保险毛保费	建筑安装工程的投资额	建筑业增加值	建筑业企业总收入
1998	6. 03	17874. 5	27840	91881. 08
1999	5. 66	18795. 9	30220	101476. 01
2000	6	20536. 3	33410	115068. 25

续表

年份	工程保险毛保费	建筑安装工程的投资额	建筑业增加值	建筑业企业总收入
2001	6.26	22954.9	40240	145743.35
2002	8	26578.9	38224.156	177447.78
2003	12	33447.2	46547.067	220372.69
2004	16	42803.6	56157.481	276178.8
2005	23	53382.6	68997.13	331984.91
2006	25	66775.8	81163.87	401550.15
2007	32	83518.3	99443.5	494147.55
2008	39.2	104958.9	119116.5	607364.43

资料来源：《中国统计年鉴》、中经网数据库以及瑞士再保险期刊SIGMA①。

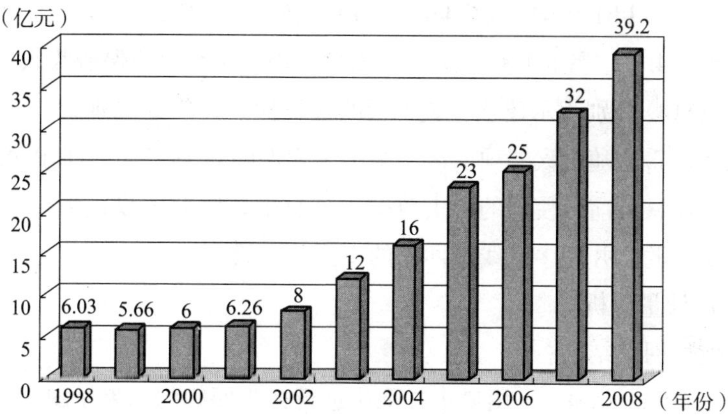

图4.1　1998~2008年建筑安装工程险毛保费收入

表4.2　预处理后的数据

YEAR	INVE	ADVA	INCO	PREM
1998	4.252233902	3.44466923	3.9632261	6.03
1999	4.274063126	3.48029446	4.0063634	5.66
2000	4.3125222	3.52387648	4.0609555	6
2001	4.360875405	3.60465797	4.1635888	6.26
2002	4.424537003	3.58233791	4.2490706	8
2003	4.524359767	3.66789232	4.3431578	12

① SIGMA, Published by Swiss Reinsurance Company Ltd. Economic and Research & Consulting P.O. 8022 Zurich Switzerland.

续表

YEAR	INVE	ADVA	INCO	PREM
2004	4.631480297	3.74940762	4.4411903	16
2005	4.727399722	3.83883103	4.5211183	23
2006	4.8246191	3.90936275	4.6037398	25
2007	4.921781646	3.9975764	4.6938566	32
2008	5.021019271	4.07597192	4.7834494	39.2

注：指标代码如下：年份，对应指标符号 YEAR；
建筑安装工程的投资额，对应指标符号 INVE；
建筑业增加值，对应指标符号 ADVA；
建筑业企业总收入，对应指标符号 INCO；
毛保费收入，对应指标符号 PREM。

②工程保险需求模型设定。

$$PREM = C_1 + C_2 lgINVE + C_3 lgADVA + C_4 lgINCO \tag{4.1}$$

方程（4.1）表示工程保险需求模型，PREM 表示毛保费收入，INVE、ADVA、INCO 分别表示建筑安装工程的投资额、建筑业增加值、建筑业企业总收入，C_1为随机误差项。由于中国工程保险自 1995 年才真正意义上开始恢复营业，目前可使用的历史数据十分有限，因此假设模型中的数量关系都是线性的，并用多元线性回归的方法构造模型。

（2）计量分析。

①模型回归结果：

应用 EViews5.0，采用最小二乘法进行初步回归的结果见图 4.2。

Dependent Variable: PREM
Method: Least Squares
Date: 06/15/10 Time: 09:27
Sample: 1998 2008
Included observations: 11

Variable	Coefficient	Std. Error	t-Statistic	Prob.
C	-201.5263	9.059177	-22.24554	0.0000
ADVA	13.40766	20.96271	0.639595	0.5428
INCO	-56.76349	12.13909	-4.676091	0.0023
INVE	90.75872	19.87670	4.566087	0.0026

R-squared	0.990789	Mean dependent var	16.28636
Adjusted R-squared	0.986842	S.D. dependent var	11.85125
S.E. of regression	1.359452	Akaike info criterion	3.727328
Sum squared resid	12.93677	Schwarz criterion	3.872017
Log likelihood	-16.50030	Hannan-Quinn criter.	3.636122
F-statistic	250.9925	Durbin-Watson stat	2.014463
Prob(F-statistic)	0.000000		

图 4.2 需求模型最小二乘法回归结果

②回归结果的检验。

A. 拟合优度检验。从回归结果可以看出，该回归方程的拟合优度较高。

B. F 检验。设定显著性水平为 0.05，$F_{0.05}$（3，11－3－1）＝4.35，因为 F 的检验值为 250.9925＞4.35，所以该方程通过了 F 检验，即方程从整体而言是显著的。

C. T 检验。设定显著性水平为 0.05，则 $t_{0.025}$（7）＝2.365，则 PREM 和 INCO、INVE 的系数能够通过 T 检验，而 ADVA 的系数不能通过 T 检验。由于 ADVA 的系数在 0.05 的显著性水平上不能通过 T 检验，因此考虑在回归方程中去掉 ADVA，即对方程 $PREM = C_1 + C_2 lgINVE + C_3 lgINCO$ 再次进行回归，结果见图 4.3。

Dependent Variable: PREM
Method: Least Squares
Date: 06/15/10 Time: 09:45
Sample: 1998 2008
Included observations: 11

Variable	Coefficient	Std. Error	t-Statistic	Prob.
C	-199.5334	8.186250	-24.37421	0.0000
INCO	-56.10462	11.64002	-4.819975	0.0013
INVE	100.5966	12.11553	8.303113	0.0000

R-squared	0.990251	Mean dependent var	16.28636
Adjusted R-squared	0.987814	S.D. dependent var	11.85125
S.E. of regression	1.308281	Akaike info criterion	3.602306
Sum squared resid	13.69280	Schwarz criterion	3.710823
Log likelihood	-16.81269	Hannan-Quinn criter.	3.533902
F-statistic	406.2951	Durbin-Watson stat	1.993274
Prob(F-statistic)	0.000000		

图 4.3　需求模型修正后最小二乘法回归结果

可见新方程能够在 0.05 的显著性水平上通过 F 检验和 T 检验，而拟合优度变化也较小。因此得到回归方程：

$$PREM = -199.533375013 - 56.1046200082 \times lgINCO + 100.596640833 \times lgINVE \tag{4.2}$$

D. 自相关的检验和校正。首先使用 DW 检验来判断是否存在自相关。EViews 软件给出 DW 值为 1.993274。给定显著性水平为 0.05，查 DW 表（T＝15，k＝2），则 d_L＝0.95，d_U＝1.54，由于 DW 表（T＝11，k＝2）小丁 DW 表（T＝15，k＝2），因此可以用 DW 表（T＝15，k＝2）与 1.993274 相

比，由于 $1.54 = d_U < 1.99327437 < 4 - d_U = 2.46$。因此可以判定无自相关。图 4.4 为需求模型的实际值、拟合值和残差表，图 4.5 为需求模型的拟合情况。

obs	Actual	Fitted	Residual	Residual Plot
1998	6.03000	5.87178	0.15822	
1999	5.66000	5.64752	0.01248	
2000	6.00000	6.45351	-0.45351	
2001	6.26000	5.55948	0.70052	
2002	8.00000	7.16770	0.83230	
2003	12.0000	11.9308	0.06920	
2004	16.0000	17.2067	-1.20669	
2005	23.0000	22.3715	0.62847	
2006	25.0000	27.5160	-2.51603	
2007	32.0000	32.2343	-0.23428	
2008	39.2000	37.1907	2.00931	

图 4.4 需求模型的实际值、拟合值和残差表

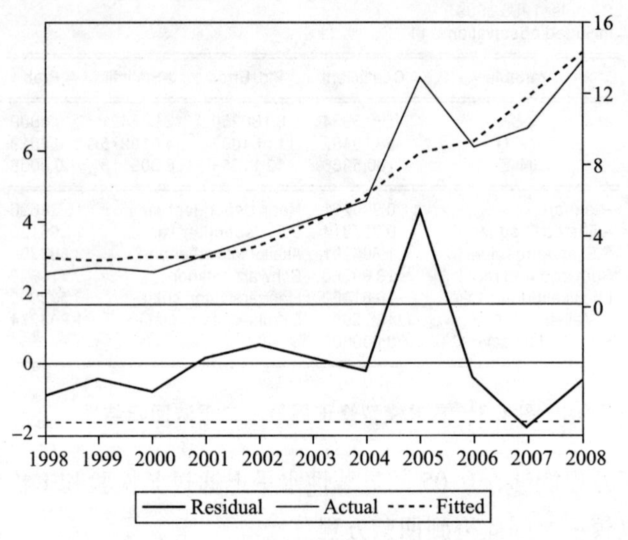

图 4.5 需求模型的拟合情况

图 4.6 中 AC 表示各期的自相关系数，PAC 表示各期的偏相关系数，在图形左方的直方图中，虚线表示 ±0.5。当第 S 期偏相关系数的直方图超过虚线部分时，表明偏相关系数 $|\rho_{t-s}| > 0.5$，即存在 S 阶自相关性。由图的偏相关系数 PAC 可以看出，不存在任何一期的直方图超过虚线，也就

Date: 06/15/10 Time: 09:54
Sample: 1998 2008
Included observations: 11

Autocorrelation	Partial Correlation		AC	PAC	Q-Stat	Prob
		1	-0.223	-0.223	0.7100	0.399
		2	0.494	0.468	4.5903	0.101
		3	-0.135	0.037	4.9167	0.178
		4	0.045	-0.268	4.9576	0.292
		5	-0.106	-0.116	5.2274	0.389
		6	-0.121	-0.061	5.6464	0.464
		7	-0.145	-0.135	6.4026	0.494
		8	-0.180	-0.176	7.9458	0.439
		9	-0.048	0.028	8.1090	0.523
		10	-0.080	0.068	9.0331	0.529

图 4.6　需求模型残差的偏相关性系数检验

是说不存在任何阶数的自相关性。

E. 变量的多重共线性检验。检验结果见图 4.7，由于经济变量之间都是相互影响的，难免存在一定的共线性，但是只要共线性不严重，各自变量对因变量的解释程度还是可信的。由于整个模型的残差不存在严重多重共线性，则变量之间一定的相关程度不影响该模型的解释能力，因此保留三个变量。

	INCO	INVE	PREM
INCO	1.000000	0.992115	0.951964
INVE	0.992115	1.000000	0.980785
PREM	0.951964	0.980785	1.000000

图 4.7　需求模型变量的多重共线性检验结果

F. 异方差检险——White 检验。在建模的过程中，选择含交叉项的模型进行检验。建立原假设 H_0：不存在异方差。

检验结果见图 4.8，$nR^2 = 11 \times 0.401403 = 4.41534$，取显著性水平 d = 0.05 时，$\chi_{0.05}$（11 − 2 − 1） = 15.507 > nR^2 = 4.41534，所以不能拒绝同方差的虚拟假设，即不存在异方差。

Heteroskedasticity Test: White

F-statistic	1.005860	Prob. F(4,6)	0.4728
Obs*R-squared	4.415434	Prob. Chi-Square(4)	0.3527
Scaled explained SS	2.902858	Prob. Chi-Square(4)	0.5742

Test Equation:
Dependent Variable: RESID^2
Method: Least Squares
Date: 06/15/10 Time: 10:14
Sample: 1998 2008
Included observations: 11
Collinear test regressors dropped from specification

Variable	Coefficient	Std. Error	t-Statistic	Prob.
C	-291.9262	596.2972	-0.489565	0.6418
INCO	590.6963	966.3541	0.611263	0.5635
INCO^2	-135.3247	222.0089	-0.609546	0.5645
INCO*INVE	115.6530	195.9418	0.590242	0.5766
INVE	-440.5036	780.5360	-0.564360	0.5930

R-squared	0.401403	Mean dependent var	1.244800
Adjusted R-squared	0.002338	S.D. dependent var	2.058447
S.E. of regression	2.056039	Akaike info criterion	4.582395
Sum squared resid	25.36378	Schwarz criterion	4.763256
Log likelihood	-20.20317	Hannan-Quinn criter.	4.468387
F-statistic	1.005860	Durbin-Watson stat	3.482073
Prob(F-statistic)	0.472777		

图 4.8 需求模型异方差检验结果

三、工程保险保费增长与赔款增长互动关系检验

由于目前中国工程保险对建设工程可提供的防灾防损等附加服务十分匮乏，工程保险对建筑业保驾护航作用主要体现在赔款支出上，因此本节将对工程保险保费收入增长与工程保险赔款支出增长之间的互动关系进行实证检验，检验两者是否存在长期均衡关系，以及是单向影响还是双向互动影响，以判断工程保险与建筑业之间是否存在良性互动关系。

首先对工程保险保费收入与工程保险赔款支出的因果关系进行检验，分析变量之间是否存在长期影响关系，随后分析变量的互动关系，即影响是双向的（互相影响、互相促进），还是单向的，以判断工程保险与建筑

业之间是否存在良性互动关系，并建立已决赔付率①回归方程。

基本变量有两个：一个是表示工程保险需求增长的保费收入 PREM，另一个是表示赔款支出增长 INDE。

首先采用 Dickey 和 Fuller（1981）提出的考虑残差项序列相关的 ADF（Augment Dickey Fuller）单位根检验法，检验变量的平稳性，对于非平稳性的变量进行处理使之成为平稳时间序列（易丹辉，2002；特伦斯·C. 米尔斯，2002；张世英、樊智，2004；张晓峒，2007）[138][139][40][141]。如果变量是单整的，那么将对相关变量进行协整检验（Cointegration Test）以确定工程保险费收入与赔款支出间的长期影响。采用 Johansen 提出的协整检验（JJ 检验）方法来检验变量之间的协整关系，协整理论主要用来探测变量间是否真的存在均衡相依关系，对于用非平稳变量建立的经济计量模型，以及检验这些变量之间的长期均衡关系非常重要。

随后，对变量进行 Granger 因果关系检验，以判断变量间的互动关系。并建立已决赔付率模型，并对其进行相关检验（杨丹萍，2008；金裔婕，2010）[142][143]。

（一）ADF 的单位根检验

进行协整检验的先决条件是时间序列是不稳定、非平稳的，而且具有单位根。因此，首先要对所研究的数据进行单位根检验，然后建立非平稳时间序列的回归模型。采用单位根检验，对其进行一阶差分后，得到的序列趋于平稳序列，检验结果如表 4.3 所示。

表 4.3 变量 PREM 与 INDE 的 ADF 单位根检验结果

变量	ADF 值	检验类型	滞后阶数	显著性水平	是否平稳
INDE	-0.461837	含常数项	1	5%（-3.212696）	否
△INDE	-3.440160	含常数项	1	5%（-3.320969）	是
PREM	3.185620	含常数项	1	10%（-2.747676）	否
△PREM	-4.141490	含线性趋势项和常数项	1	5%（-4.107833）	是

注：Δ 表示对变量进行一阶差分；

10%、5%、1% 表示不同的显著性水平。

从 ADF 单位根检验结果看出，PREM 和 INDE 都是一阶单整的，可以

① 已决赔付率 = 日历年度已决赔款/日历年度承保保费。

认为上述变量都是一阶差分平稳的，即它们具有同阶单整性，可以进行协整分析。

（二）VAR 模型的建立

在经济运行过程中，广泛存在时间滞后效应。某些经济变量不仅受到同期各种因素的影响，而且也受到过去某些时期的各种因素甚至自身的过去值的影响。通常把这种过去时期的，具有滞后作用的变量叫做滞后变量（Lagged Variable），含有滞后变量的模型称为滞后变量模型。

而 Johansen 协整检验是一种基于向量自回归模型的检验方法，在检验之前，必须首先确定 VAR 模型的结构。对于无约束 VAR 模型的最优滞后期 k 的选择，由图 4.9 得知，最优滞后期为 2。

VAR Lag Order Selection Criteria
Endogenous variables： INDE PREM
Exogenous variables： C
Date： 06/16/10 Time： 12：18
Sample： 1998 2008
Included observations： 9

Lag	LogL	LR	FPE	AIC	SC	HQ
0	-51.51472	NA	501.8240	11.89216	11.93599	11.79758
1	-32.25863	25.67479*	17.79870	8.501919	8.633402	8.218179
2	-26.52165	5.099544	15.23311*	8.115922*	8.335060*	7.643022*

* indicates lag order selected by the criterion
LR： sequential modified LR test statistic (each test at 5% level)
FPE： Final prediction error
AIC： Akaike information criterion
SC： Schwarz information criterion
HQ： Hannan-Quinn information criterion

图 4.9 无约束 VAR 模型的最优滞后期的选择标准

另外根据选择的向量自回归模型可知，PREM 和 INDE 这两个变量互为解释变量（和被解释变量）。向量自回归即 VAR（2）模型见图 4.10。

建立之后对 VAR 模型的平稳性进行检验，检验结果见图 4.11。

从图 4.11 可以看出根的倒数都在单位根圆内，因此不存在单位根，所以 VAR 模型是平稳的。同时，利用 Q 统计量检验、怀特检验和 JB 检验进一步检验这些 VAR 模型，发现其拟合优度很好，残差序列具有平稳性，是最优模型。

Vector Auto regression Estimates
Date： 07/04/10　Time： 13：13
Sample (adjusted)： 2000 2008
Included observations： 9 after adjustments
Standard errors in ( ) & t-statistics in [ ]

	INDE	PREM
INDE(-1)	-0.677618	-0.931106
	(0.65895)	(0.46003)
	[-1.02834]	[-2.02400]
INDE(-2)	0.455592	1.088344
	(0.84832)	(0.59224)
	[0.53705]	[1.83766]
PREM(-1)	1.336465	2.173635
	(0.79765)	(0.55687)
	[1.67550]	[3.90333]
PREM(-2)	-1.120797	-1.300049
	(1.09148)	(0.76200)
	[-1.02686]	[-1.70610]
C	2.614695	1.885995
	(1.84908)	(1.29091)
	[1.41405]	[1.46099]
R-squared	0.828309	0.989016
Adj. R-squared	0.656618	0.978032
Sum sq. resids	25.64531	12.49929
S.E. equation	2.532060	1.767716
F-statistic	4.824414	90.04162
Log likelihood	-17.48256	-14.24846
Akaike AIC	4.996124	4.277435
Schwarz SC	5.105693	4.387004
Mean dependent	7.311111	18.60667
S.D. dependent	4.321008	11.92663
Determinant resid covariance (dof adj.)		6.295315
Determinant resid covariance		1.243519
Log likelihood		-26.52165
Akaike information criterion		8.115922
Schwarz criterion		8.335060

图 4.10　向量自回归模型

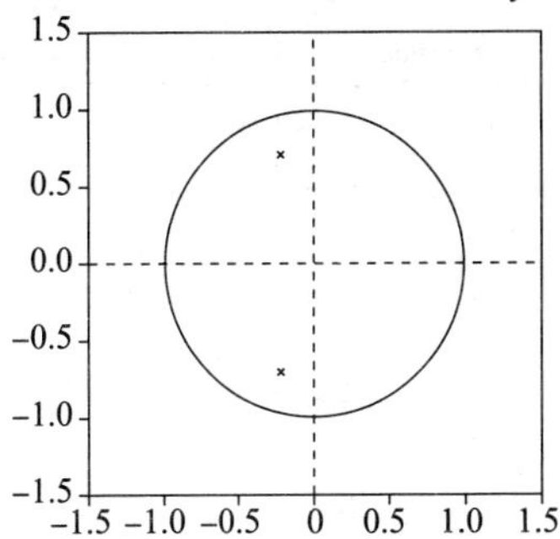

图 4.11　模型的平稳性检验

（三）Johansen 协整检验

协整的意义就是检验变量之间是否存在稳定的关系。有些时间序列，虽然它们自身非平稳，但其线性组合却是平稳的。非平稳时间序列的线性组合如果平稳，则这种组合反映了变量之间长期稳定的比例关系。协整关系表达的是两个线性增长量的稳定的动态均衡关系，更是多个线性增长的经济量相互影响及自身演化的动态均衡关系。

由于两个变量为一阶差分单整，所以协整检验的 VAR 模型滞后期确定为 $k-1=1$。而变量经 ADF 单位检验，一阶单整，因此可以进行协整检验，检验结果见图 4.12。

协整检验显示在 5% 的显著性水平上，23.77351 > 15.49471，表明 Prem 和 INDE 存在唯一的协整关系，即长期来看，保费和赔款存在长期稳定的均衡关系。

Date：06/15/10 Time：17：04
Sample (adjusted)：2001 2008
Included observations：8 after adjustments
Trend assumption：Linear deterministic trend
Series：PREM INDE
Lags interval (in first differences)：1 to 1

Unrestricted Cointegration Rank Test (Trace)

Hypothesized No. of CE(s)	Eigen Value	Trace Statistic	0.05 Critical Value	Prob.**
None *	0.921006	23.77351	15.49471	0.0023
At most 1	0.351634	3.466404	3.841466	0.0626

Trace test indicates 1 cointegrating eqn(s) at the 0.05 level
* denotes rejection of the hypothesis at the 0.05 level
**MacKinnon-Haug-Michelis (1999) p-values

Unrestricted Cointegration Rank Test (Maximum Eigen value)

Hypothesized No. of CE(s)	Eigen Value	Max-Eigen Statistic	0.05 Critical Value	Prob.**
None *	0.921006	20.30711	14.26460	0.0049
At most 1	0.351634	3.466404	3.841466	0.0626

Max-eigenvalue test indicates 1 cointegrating eqn(s) at the 0.05 level
* denotes rejection of the hypothesis at the 0.05 level
**MacKinnon-Haug-Michelis (1999) p-values

图 4.12 模型的协整检验结果

（四）Granger 因果关系检验

Granger 因果检验可用来判断变量间内外生性。经过协整检验，可知上述变量之间存在协整关系，但无法判断这种均衡关系是否构成因果关系及其方向。根据协整理论，恩格尔和格兰杰进一步提出了著名的“格兰杰成因检验”。

（1）VECM的确定。

协整检验结果证明工程保险赔款增长与工程保险保费增长之间存在长期稳定的均衡关系，这种均衡关系之间蕴含的因果关系还需进一步验证。由于向量误差修正模型的滞后期是无约束VAR模型一阶差分变量的滞后期，前文确定的所有无约束VAR模型的滞后期为2，因此对应的VECM滞后期应为1，序列仍然采用协整方程有截距但没有确定趋势的形式。用工程保险赔款与工程保险保费构造VECM，估计各模型参数，具体估计结果见图4.13。

Vector Error Correction Estimates
Date： 06/16/10 Time： 12：35
Sample (adjusted)： 2000 2008
Included observations： 9 after adjustments
Standard errors in ( ) & t-statistics in [ ]

Cointegrating Eq：	CointEq1	
INDE(-1)	1.000000	
PREM(-1)	-0.259997	
	(0.08715)	
	[-2.98339]	
C	-2.156795	
Error Correction：	**D(INDE)**	**D(PREM)**
CointEq1	-1.391417	0.015270
	(0.66828)	(0.46955)
	[-2.08210]	[0.03252]
D(INDE(-1))	-0.207407	-0.880339
	(0.41473)	(0.29140)
	[-0.50010]	[-3.02105]
D(PREM(-1))	0.772642	1.008259
	(0.39138)	(0.27499)
	[1.97414]	[3.66648]
C	-0.757741	1.607629
	(1.36574)	(0.95960)
	[-0.55482]	[1.67531]

图4.13 VECM参数估计结果

R-squared	0.620532	0.796402
Adj. R-squared	0.392851	0.674242
Sum sq. resids	26.41821	13.04219
S.E. equation	2.298618	1.615066
F-statistic	2.725443	6.519381
Log likelihood	-17.61618	-14.43979
Akaike AIC	4.803595	4.097731
Schwarz SC	4.891250	4.185386
Mean dependent	1.285556	3.726667
S.D. dependent	2.949979	2.829717
Determinant resid covariance (dof adj.)		4.204015
Determinant resid covariance		1.297535
Log likelihood		-26.71299
Akaike information criterion		8.158443
Schwarz criterion		8.377581

图 4.13 VECM 参数估计结果（续）

（2）Granger 因果关系检验。

由协整检验结果可知，工程保险赔款增长与工程保险保费增长之间存在唯一长期的均衡关系，但这种均衡关系是否是因果关系，也就是说，是由保费的扩张引致了赔款的增长，还是由赔款增长促进了保费规模的扩张，还是两者互相促进，还需进行因果关系检验。

由于 VECM 中各方程的随机扰动项都具有独立同分布的白噪声性质，所有变量都是同阶单整的，因此可以在此基础上进行 Granger 因果关系检验，从而探讨工程保险赔款与工程保险保费之间相互作用机制。

检验结果图 4.14 表明，原假设被拒绝，备选假设被接受，即 INDE 不是引起 PREM 变化的原因，PREM 是引起 INDE 变化的原因，这说明在保费与赔款的关系中，是保费的变化影响了赔款，而赔款的变化对保费的影响不显著。

（五）已决赔付率线性回归方程

$$INDE = C_5 + C_6 PREM \quad (4.3)$$

C_5 为随机误差项。应用 EViews5.0 软件进行分析，采用普通最小二乘法进行初步回归的结果见图 4.15。

A. 拟合优度检验。从回归结果可以看出，该回归方程的拟合优度较高。

B. F 检验。设定显著性水平为 0.05，$F_{0.05}$（1，11 - 1 - 1） = 5.12，因为 F 的检验值为 63.15431 >4.35，所以该方程通过了 F 检验，即方程从

整体而言是显著的。

C. T 检验。设定显著性水平为 0.05，则 $t_{0.025}(9)=2.262$，则 PREM 的系数能够通过 T 检验。

则方程能够在 0.05 的显著性水平上通过 F 检验和 T 检验，而拟合优度变化也较小。

D. 自相关的检验和校正。首先使用 DW 检验来判断是否存在自相关。EViews 软件给出 DW 值为 1.990077。给定显著性水平为 0.05，查 DW 表（T=15，k=1），则 $d_L=1.08$，$d_U=1.36$，由于 DW 表（T=11，k=1）小于 DW 表（T=15，k=1），因此可以用 DW 表（T=15，k=1）与 1.990077 相比，由于 $1.36=d_U<1.990077<4-d_U=2.64$。因此可以判定无自相关。

Pairwise Granger Causality Tests
Date：06/15/10　Time：18：20
Sample：1998 2008
Lags：3

Null Hypothesis：	Obs	F-Statistic	Prob.
PREM does not Granger Cause INDE	8	1.86631	0.4828
INDE does not Granger Cause PREM		0.83745	0.6456

Pairwise Granger Causality Tests
Date：06/15/10　Time：18：21
Sample：1998 2008
Lags：2

Null Hypothesis：	Obs	F-Statistic	Prob.
PREM does not Granger Cause INDE	9	2.38569	0.2080
INDE does not Granger Cause PREM		2.80673	0.1731

Pairwise Granger Causality Tests
Date：06/15/10　Time：18：22
Sample：1998 2008
Lags：1

Null Hypothesis：	Obs	F-Statistic	Prob.
PREM does not Granger Cause INDE	10	6.06774	0.0433
INDE does not Granger Cause PREM		1.23510	0.3031

图 4.14　Granger 因果关系检验

Dependent Variable: INDE
Method: Least Squares
Date: 06/15/10 Time: 11:33
Sample: 1998 2008
Included observations: 11

Variable	Coefficient	Std. Error	t-Statistic	Prob.
C	0.692195	0.867914	0.797538	0.4457
PREM	0.347953	0.043784	7.946969	0.0000

R-squared	0.875267	Mean dependent var	6.359091
Adjusted R-squared	0.861408	S.D. dependent var	4.407731
S.E. of regression	1.640907	Akaike info criterion	3.991341
Sum squared resid	24.23318	Schwarz criterion	4.063685
Log likelihood	-19.95237	Hannan-Quinn criter.	3.945738
F-statistic	63.15431	Durbin-Watson stat	1.990077
Prob(F-statistic)	0.000023		

图 4.15　已决赔付率回归方程最小二乘法检验结果

Date: 06/15/10 Time: 11:37
Sample: 1998 2008
Included observations: 11

Autocorrelation	Partial Correlation		AC	PAC	Q-Stat	Prob
		1	-0.166	-0.166	0.3932	0.531
		2	0.033	0.005	0.4100	0.815
		3	-0.151	-0.149	0.8162	0.846
		4	-0.065	-0.119	0.9014	0.924
		5	-0.040	-0.074	0.9394	0.967
		6	-0.084	-0.136	1.1405	0.980
		7	-0.056	-0.140	1.2546	0.990
		8	0.012	-0.065	1.2619	0.996
		9	0.007	-0.066	1.2658	0.999
		10	0.009	-0.074	1.2778	0.999

图 4.16　已决赔付率线性回归方程残差的偏相关性系数检验

图 4.16 中 AC 表示各期的自相关系数，PAC 表示各期的偏相关系数，在图形左方的直方图中，虚线表示 ±0.5。当第 S 期偏相关系数的直方图超过虚线部分时，表明偏相关系数 $|\rho_{t-s}|>0.5$，即存在 S 阶自相关性。由图的偏相关系数 PAC 可以看出，不存在任何一期的直方图超过虚线，也就是说不存在任何阶数的自相关性。

E. 异方差检验——White 检验。在建模的过程中，根据 White 检验中辅助函数的构造，最后一项为变量的交叉乘积项，因为本例为一元函数，故无交叉乘积项，因此应选 no cross terms，建立原假设 H_0：不存在异方差。

Heteroskedasticity Test: White

F-statistic	0.230202	Prob. F(1,9)	0.6428
Obs*R-squared	0.274341	Prob. Chi-Square(1)	0.6004
Scaled explained SS	0.520037	Prob. Chi-Square(1)	0.4708

Test Equation:
Dependent Variable: RESID^2
Method: Least Squares
Date: 06/15/10 Time: 11:45
Sample: 1998 2008
Included observations: 11

Variable	Coefficient	Std. Error	t-Statistic	Prob.
C	1.517518	2.240335	0.677362	0.5152
PREM^2	0.001745	0.003636	0.479794	0.6428

R-squared	0.024940	Mean dependent var	2.203016
Adjusted R-squared	-0.083400	S.D. dependent var	5.498587
S.E. of regression	5.723287	Akaike info criterion	6.489929
Sum squared resid	294.8041	Schwarz criterion	6.562274
Log likelihood	-33.69461	Hannan-Quinn criter.	6.444326
F-statistic	0.230202	Durbin-Watson stat	2.341909
Prob(F-statistic)	0.642819		

图 4.17　已决赔付率回归方程的异方差检验结果

检验结果如图 4.17 所示，$nR^2 = 11 \times 0.024940 = 0.27434$，取显著性水平 $d = 0.05$ 时，$\chi_{0.05}(11-1-1) = 16.919 > nR^2 = 0.27434$，所以就不能拒绝同方差的虚拟假设，即不存在异方差。

综上所述，函数各方面检验都通过了，因此，已决赔付率的线性回归方程为：

$$INDE = 0.692194851518 + 0.34795342804 \times PREM \quad (4.4)$$

（六）检验结果总结

通过构建 VAR 系统，使用 Johansen 协整检验，发现工程保险赔款与工程保费的经济变量构成了长期的均衡关系。由于协整关系的存在，建立了一组具有误差修正项的 VECM 系统，并进行了 Granger 因果关系检验，检验结果表明：①保费和赔款存在长期稳定的均衡关系；②工程保险保费增长是工程保险赔款支出增长的原因，而工程保险赔款增长反方向促进工程保险保费增长并没有得到明确验证。因此，得出的结论是，在工程保险保费收入增长与工程保险赔款支出增长的相互作用中，工程保险保费增长在促进赔款支出增长中居于主导地位。

四、结论和建议

（一）主要结论

（1）通过对模型的检验，发现影响中国工程保险需求的主要因素是建筑安装工程的投资额、建筑业总收入。建筑安装工程投资额对工程保险需求的拉动作用较大，工程保险的需求增长必将是以国家、地方、企业和个人投资增加为基础的；建筑业企业总收入对工程保险需求的拉动为负效应，说明建筑业企业总收入在研究期间对工程保险发展具有抑制作用，建筑业企业的收入提高并未促进保费的增长。

（2）已决赔付率较低，回归方程的弹性系数为 0.34795342804，这也与现实较为接近，中国工程保险的已决赔付率较低，与国际工程保险满期赔付率的平均值 45%[①]（2007~2009 年）存在一定差距，与发达国家相比差距更大，中国工程保险发展是不健康的、不持续的。

（3）工程保险消费增长与赔款支出增长之间只存在单向的 Granger 因果关系，工程保险的消费增长在促进工程保险赔款支出中起到主导作用，而工程保险赔款支出增长并未明显起到拉动保险消费（保费）增长的作用，这一点与实际情况相符，即工程保险的赔款支出并没有反方向促进工程保险消费规模的提高，没有形成良性互动的“保费增长赔款增长”循环，这与理想状况不符。理想状况应是二者互相促进，保险为工程建设保驾护航，保险消费增长反过来是以赔款支出为前提的。

总体来看，中国建筑业对工程保险潜在需求很大，而有效供给和消费市场发展不容乐观。每年工程事故的损失巨大，工程保险赔款在工程事故损失弥补中的比重则较低，这说明工程保险在补偿建筑业灾害损失中的保障作用是十分有限的，工程保险效用较差。为了保障建筑业灾后恢复生产，政府不得不背负沉重的救灾负担，特别是 2008 年南方百年一遇的冰雪灾害、2008 年汶川大地震，以及 2010 年多发的南方洪水自然灾害中，对于在建工程的善后处理，更反映出目前工程保险投保率低下以及覆盖面不

---

① 源自 The International Association of Engineering Insurers IMIA 官方网站 2010 年数据；已决赔付率与满期赔付率统计口径不同，已决赔付率不能完全反映业务质量，两者数据不完全可比，但已决赔付率与满期赔付率能反映国内外工程保险赔付率的现状和趋势。

足的问题，凸显了中国工程保险发展的层次还较低这一现实。工程保险在补偿工程建设灾害损失、稳定建筑业生产和保障建筑业灾后恢复生产方面仍然有很大的改善空间。

（二）建议

（1）抓住机遇，转变发展思维，抓住目前 4 万亿元投资的大好机遇。建筑安装工程投资额在促进工程保险消费增长中起到最主要的拉动作用，因此要抓住目前国家为拉动内需，以建筑安装工程投资额增加为契机，努力扩展工程保险的消费规模。

（2）努力改变建筑业企业收入对工程保险增长抑制的局面，实现企业收入在工程保险发展中的积极促进作用，努力使二者良性互动。国外实践表明，建筑业企业收入与工程保险可以相互促进和提高。中国建筑业企业收入增长并未促进工程保险增长的原因：一是建筑企业保险意识较差，即使收入增加，也并未选择投保以规避风险；二是工程保险产品与服务不尽如人意，抑制了有效需求。因此应加强宣传，提高建筑企业的风险意识与保险意识；同时更有针对性地设计保险产品，提高保险服务水平。

（3）更加准确合理地进行市场定价。目前中国工程保险的定价费率偏高，定价模型限于历史数据的缘故，不尽合理。由于建设工程的个性化，各个工程的风险度差异较大，保险企业在定价时缺乏合理风险识别、风险评估能力，在工程建设过程中缺乏有效的降低风险的风险控制措施，大多采用统一费率，即使个别费率的变化也是市场竞争的结果，与工程本身的风险水平关系较小，结果导致定价不合理。因此国家应建立行业协会以促进保险数据的收集和共享，并培养专业人才，促进保险精算水平的提高，提高产品定价能力。

（4）工程保险赔款支出增长并未起到明显拉动保险消费增长的作用，究其原因，是产品或服务不符合客户的要求。尽管中国财产保险公司提供的工程保险产品数量有了大幅提高，然而消费者对工程保险的认可和满意度较低，产品的设计、定价以及售前、售后支持和服务与消费者的需要以及期望都有着较大的差距，市场有效供给不足。因此应提高有效供给，满足市场的需求。

以上建议的具体实施措施，本节并未深入研究，将在后续章节进一步探讨。

五、本章小结

本章为实体章，为实证检验部分。研究影响工程保险需求的因素有助于更加准确地把握消费者的行为决策。因此，本章对中国工程保险复业以来的有效需求影响因素进行了计量学检验，揭示了影响中国工程保险需求的因素；并对中国工程保险保费增长与赔款增长的互动关系进行了实证检验，以判断工程保险与建筑业之间是否存在良性互动关系，为了解和把握消费者的需求和行为规律及其影响因素、做好有效供给奠定了基础。

第 5 章

CHAPTER 5

工程保险消费行为影响因素三阶模型的构建

目前财产保险市场环境已经发生了两个明显的变化：一是竞争更加激烈。财产保险机构迅速扩张，保险市场的整体供给能力大大增加，新成立的中小公司发展较快，市场份额逐年提高，已经成为财产保险市场一股不可忽视的力量，保险市场已经从卖方市场逐步进入了以顾客为导向的买方市场。二是顾客日益成熟和理性。随着保险业的发展，保险知识也逐渐普及，人们对保险有了更多、更深的认识，选择和购买保险时趋于理性，不再只是被动地接受保险产品和服务，或一味追求最低的价格，而是对保险产品和服务提出了更多的要求，希望获得包括物质因素和精神因素的整体价值。

通过第 4 章的研究发现，尽管对工程保险潜在需求很大，但有效供给不足，导致实际消费规模难以扩大，因此把握消费者行为规律，研究制约消费者消费行为的因素，从而提高工程保险有效需求，扩大消费市场规模十分重要而且迫切。通过深入分析，我们可以发现影响中国工程保险消费的原因是多方面的和复杂的。保险消费活动的特殊性、保险产品的“非信息本源性”①、工程保险条款、工程知识的专业性、工程保险消费群体独有的特点以及中国特有的工程保险环境，都决定了影响工程保险消费因素的复杂性。通过对现有研究成果的总结、对发达国家工程保险成功经验的梳理、通过对国内外工程保险发展现状和特点的比较，可以看出，影响中国工程保险消费的因素主要有消费环境、感知价值和保险意识三个方面。

消费环境方面的困境：制度缺位，立法欠缺；市场不完善；人才缺乏，技术水平不高。比如风险权责分担不明确，缺乏保费来源，投保方式模糊，政府和行业协会尚未发挥应有的作用；建筑市场和保险市场竞争秩序混乱，诚信水平低下；工程保险的复合型人才匮乏，中介水平参差不齐，风险管理技术、保费定价和理赔理算技术水平无法满足市场需求。

① 这里的非信息本源性主要源于保险商品的特殊性，这种特殊性主要是指保险商品本身没有使用价值，客户在投保时不像购买一般的消费品，只要通过现场观察、比较，就可以以较充分的信息进行消费选择。

感知价值方面的困境：工程保险产品质量不高，保险服务水平无法满足消费者的需求，与消费者的预期差距较大，工程保险费率不合理、缺乏有效的监管，导致消费者对工程保险产品的价值满意度和认可度较低。

保险意识方面的困境：工程建设方风险意识较低；公众对保险的印象不佳。

上述原因导致工程保险产品有效供给不足，从而制约了消费者对工程保险产品的有效需求，导致工程保险消费市场发展严重滞后。那么，环境因素、感知价值、保险意识，到底哪个因素是最主要的？是需要首先从保险产品着手，加强产品和服务创新，提升消费者对保险产品的价值感知，还是要首先改善工程保险的制度环境、市场环境和技术环境？是否应实施强制保险，先从外部增加强大的驱动力，迫使工程保险行业进入良性循环的发展轨道，然后再逐步转变为宽松的监管政策？消费者对保险的意识会在多大程度上影响他们的消费意向与消费行为？以往相关的研究，影响因素之间是被割裂的，不完整的，缺乏系统性的研究。为此，本研究利用结构方程模型可以同时处理多个变量之间关系的特性，分析影响因素之间的因子结构和因子关系，判断不同影响因素对消费行为的影响关系以及影响程度，并提出改善措施。

一、模型理论基础——消费者计划行为理论

消费者计划行为理论近年来被从心理研究领域引入到市场营销学中，对消费者的理性消费行为进行分析预测。该理论认为购买意向直接决定了消费者如何采取消费行为以及采取特定消费行为可能性的大小，而影响购买意向的因素包括：感知行为控制、消费者的态度、主观规范。诸多研究表明计划行为理论在预测理性消费行为方面具有很高的有效性（冯建英、穆维松、张领先、傅泽田，2008）[144]。

计划行为理论衍生于理性行为理论。

（一）理性行为理论

20 世纪 50 年代，Fishbein（1963）[145]和 Ajzen（1980）[146]开始了理性行为理论（Theory of Reasoned Action，TRA）的探索。理性行为理论是行为科学领域的重要理论，常被应用于解释个人行为模式，主张个人行为的完成主要受个人意志所控制。在接下来的 15 年里，研究重点开始转向实验

室和应用领域的行为预测[146]。1967 年，Fishbein 提出了理性行为理论。后来经历了多次的调整、发展和测试，形成了理性行为理论模型，见图 5.1（Fishbein and Ajzen，1975）[68]。

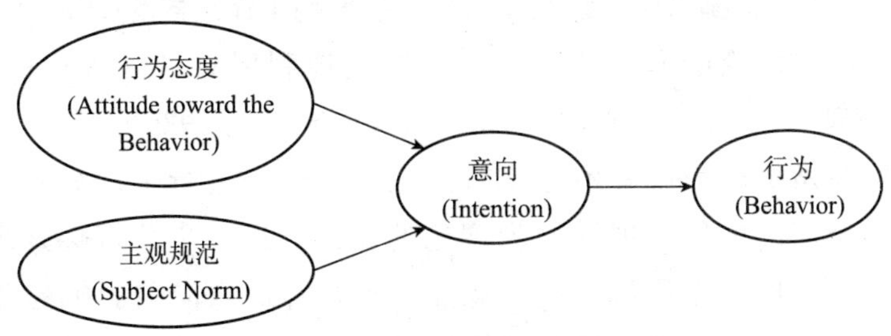

图 5.1　理性行为理论模型

模型中关键概念的解释（Ajzen I.，1985；李华敏，2007；段文婷、江光荣，2008）[147][148][149]：

行为态度（Attitude toward the Behavior）："个人对于行为正向或负向的评价、喜欢或者不喜欢的感觉。"在模型中，行为态度受到行为信念的影响。所谓行为信念，是指"个体的主观认定，对做出行为可能导致的结果的评估"。行为信念又受到来自两个因素的影响：一个是行为信念的强度（Strength of Belief），即"个体对行为结果发生可能性的信念"，另一个是对行为结果的评价（Evaluation），也就是"个人对结果正面或者负面的评价"。

主观规范（Subject Norm）："个体对重要他人（如家人、朋友等）或团体认为应不应该执行某特定行为时感知到的社会压力。"主观规范受到两个方面因素的影响：一个是规范信念（Normative Belief），是指"个体主观认为自己的重要他人或团体是否支持其执行某特定行为"，另一个是顺从动机（Motivation to Comply），即"个体在执行这一特定行为时遵从重要他人或团体意见的程度"。

意向（Intention）："个体有多想执行某特定行为。"例如，在持续网购的研究中，个人可能在未来 6 个月内有非常强烈的愿望进行网购，并可能为此而制订了进行网购的计划。

行为（Behavior）："个人在某情景、某时间、为了某个目的执行了某特定行为。"行为具体包括四个方面的内容：第一个是行动（Action），第二个是目标（Target），第三个是情景（Context），第四个是时间（Time）（Fishbein M. and Ajzen I.，1975；Ajzen，1988；段文婷、江光荣，2008）[68][150][149]。例如，时间界定在未来6个月，行动是搜索信息、购买商品，情景则是在哪家网店购买，目标为想要购买什么样的商品。

理性行为理论的假设是：人们会系统地利用对自己有用的信息，做出相当理性的行为（Ajzen I. and Fishbein M.，1980）[146]。也就是说，人们在做出行为或者不做出行为之前，已经进行了深思熟虑。这也就是这个理论被称为理性行为理论的原因。进一步分析会发现在这个模型中，人口学变量如性别、职业、收入等对意向的影响是不直接的，如果说有影响也是间接通过态度和主观规范影响意向的；换句话说，只要个人愿意，可以做出任何行为。比如某建筑企业有强烈购买工程保险产品的意向，不论其正在从事什么类型的项目，也不论资金预算是否充足或是否有合适的保险产品，费率是否合理，只要愿意就可以购买。这里可以看到这个假设是存在局限性的，因为实际情况下，行为决策经常受到外界因素的影响，如完成该行为所需的资源和条件限制等，因而大大地降低了理性行为理论中对行为的解释力。人们的行为并不是完全在自己的控制之下，这也为计划行为理论的提出提供了条件。

（二）计划行为理论

计划行为理论（Theory of Planned Behavior）衍生于理性行为理论。Ajzen（1985，1991）[147][151]将理性行为理论加以延伸，提出了计划行为理论，以更好地解释和预测实际行为。

Ajzen的计划行为理论的五要素包括感知行为控制（Perceived Behavioral Control）、主观规范（Subjective Norm）、行为态度（Attitude toward the Behavior）、行为意向（Behavior Intention）和行为（Behavior）。计划行为理论认为实际行为最直接的影响因素是个人的行为意向，而行为意向受到三项相关因素的影响：一是源自“感知行为控制”。二是源自个人本身的“态度”，即对于采取某项特定行为所持的“态度”。“态度”又进一步受到个人对特定行为的信念和结果评价的影响。三是源自外在的“主观规范”（见图5.2）。

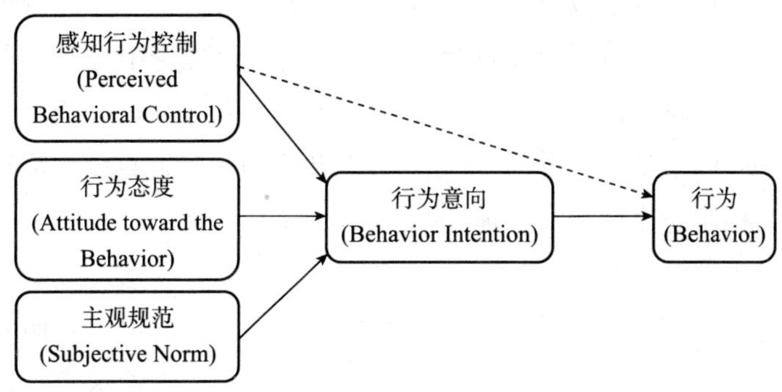

图 5.2 计划行为理论模型

模型中关键概念的解释（Ajzen I.，1985；李华敏，2007；段文婷、江光荣，2008）[147][148][149]：

感知行为控制（Perceived Behavioral Control）："个体主观评价对执行某特定行为的控制能力和感知到的容易或困难的程度"，也就是个体觉得执行行为是容易还是困难。感知行为控制受到两个因素的影响：一个是控制信念（Control Beliefs），指"个体感知到的可能促进或阻碍行为执行的因素"，即资源的可获性，如从事某种行为所需的时间、金钱和努力等；另一个是感知到的力量（Perceived Power），指"个人估计以自己目前的情况，是否有能力控制这些促进或阻碍行为执行的因素"，即某人对实施某种行为能力的认知或自信（Bandura，1977，1982）[152][153]。Kraft 等（2005）[154]认为感知行为控制是人们完成某项行为的信心，它依赖于对技能、时间、成本的感知。

计划行为理论认为当个人对特定行为持正面的态度，认为符合其主观行为规范，且感觉已掌握采取该行为的能力和资源时，个人将产生强烈的行为意向，进而产生实际行为（苏秦、李钊、崔艳武、陈婷，2007）[155]。一般而言，个人对于某项行为的态度愈正向时，则个人的行为意向愈强；对于某项行为的主观规范愈正向时，同样个人的行为意向也会愈强；而当态度与主观规范愈正向且知觉行为控制愈强的话，则个人的行为意向也会愈强。

计划行为理论与理性行为理论相同之处是认为意向是行为的决定因素，这也是理论的核心所在（段文婷、江光荣，2008）[149]。意向表明个体执行行为的愿意的程度以及付出的努力。计划行为理论与理性行为理论的差异在于感知行为控制。感知行为控制在计划行为理论中是一个非常重要的概念。这一变量的加入大大提升了模型的解释力（Sheeran P.，Trafimow D.，Armitage C.，2003）[156]。而且它可以和意向一起，直接预测行为。随着感知行为控制越来越强，个体越有可能做出实际行为。

理性行为理论模型和计划行为理论模型都已经被证实，并且在社会心理学中，这两个理论被广泛地用来推测和解释感知、态度、意向和行为之间的认知和影响因素。自从20世纪90年代以来，该理论被广泛运用于市场营销实践，在新产品市场投放、消费者态度转变、品牌建设、网上金融等方面取得了较显著的效果，引起了众多厂商和管理学者的共同关注（青平、李崇光，2005）[157]。

二、工程保险消费行为影响因素三阶模型的构建

（一）工程保险消费行为影响因素三阶模型

根据前文对影响因素、消费意向与消费行为之间的论述，本研究在Ajzen（1985，1991）[147][151]消费者计划行为理论的研究思想基础之上，构建概念模型，如图5.3所示。

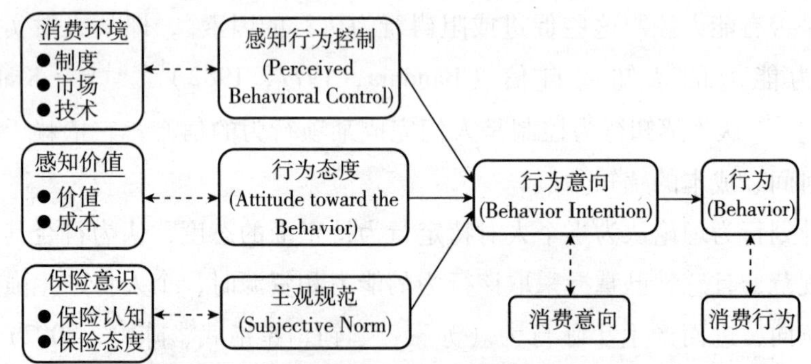

图5.3 本研究基于计划行为理论的概念模型构建

1. 概念模型变量与计划行为理论变量对应关系的解释

（1）感知行为控制——消费环境。

感知行为控制是“个体主观评价对执行某特定行为的控制能力和感知到的容易或困难的程度”，个体感知到的可能促进或阻碍行为执行的因素，

即资源的可获性，以及个人估计以自己目前的情况，是否有能力控制这些促进或阻碍行为执行的因素。具体到工程保险领域，是指人们在消费工程保险时受到的制约、约束或激励影响因素，这对人们消费工程保险产品的难易造成了实质的影响。

如第 3 章第 2 部分所分析的那样，目前在中国，工程保险的消费受到法律制度、市场环境以及技术环境等因素的制约，这些因素是影响工程建设者消费工程保险的感知行为控制因素。因此在概念模型中，用“消费环境”来对应计划行为理论中“感知行为控制”这一变量。

如果法律法规规定了保险费的出处，对工程质量保障金和工程保险消费支出的关系规定明确合理，企业在工程保险产品的消费时就有了资金保障和政策支持，消费意向就会强烈。国家对建设主体各方风险和保险费分摊规定越明确，各方就风险管理的权责利划分越清晰，越有利于市场的规范和各方对风险防范和保险消费的行为决策。工程保险技术环境越理想，人们就越容易得到优质的风险管理技术支持以及出事后及时的理赔服务，更容易激发人们消费工程保险产品的热情。市场竞争越有序规范，社会诚信度越高，国家对工程保险行业监管越有效，工程保险的消费者就越可以放心地消费工程保险产品，而不必花费更多的时间在市场上甄别和搜寻需要的信息和资源。保险产品越丰富、越个性化，保险中介市场越发达规范，行业协会作用越大，工程建设企业越能够掌握更多的有利资源，遇到的阻碍也就越少，行为的意向也就越大，从而更有把握消费工程保险产品。

总而言之，感知行为控制是人们完成某项行为的信心，在工程保险领域，这种信心受到制度、市场、技术等环境因素的影响。约束越少，激励越多，企业完成该项行为的意向必然越正面积极，进而促进最终的行为决策。例如一个施工企业法人对工程保险持正面态度，但是如果他没有充足的资金，那么最后他很可能还是会放弃购买工程保险产品。

（2）行为态度——感知价值。

保险消费行为态度是个体对保险消费行为所持有的正面或负面的感觉或者认知、评价，对做出行为可能导致的结果的评估，包括预期与现实存在的差异的评估。

消费者对于工程保险的评价和预期，主要取决于工程保险可以给消费者带来的效用。效用是对消费者通过消费使自己的需求、欲望等得到满足的一个度量，因此保险产品的效用可以说成是产品给消费者带来的满足程度，消费者消费工程保险的主要目的是风险保障和风险转移，因此工程保险的效用可以被认为是工程保险产品给消费者带来的保障预期，体现在消费者对工程保险价值的感知程度。当然工程保险的价值也必须考虑成本，即消费该产品必须付出的成本。因此在概念模型中，用“感知价值”来对应计划行为理论中“行为态度”这一变量。

保险产品的特有属性，决定了工程保险的价值，主要是产品的质量（保单设计、承保责任范围等）、购买时和购买后期的服务水平，以及基于项目风险水平给消费者带来的风险保障预期。消费者对保险产品的价值感知与其所面临的风险高低直接关联，即所从事工程的风险水平越高，购买保险所能带来的价值感知也越大；项目的风险越小，购买工程保险价值感知则越小。

而成本主要是指购买工程保险所需要付出的资金成本和时间成本等消耗。一般来说，保险价格水平与保险消费需求与行为态度呈反向关系。在相同保障水平下，保险价格越高，消费者需要支付的保险费就越多，成本也就越高，保险的有效需求就会下降，消费该产品的行为态度也就越弱。

(3) 主观规范——保险意识。

主观规范是指“个体对重要他人（如家人、朋友等）或团体认为应不应该执行某特定行为时感知到的社会压力”。具体到工程保险领域，主观规范是指保险消费者在进行工程保险产品消费决策时感知到的来自同行或利益相关方的压力，这主要取决于同行或利益相关方的保险意识。保险意识是人们关于保险和保险现象的思想、观点、认识、心态的理论总和，是社会意识的一种形式，反映了人们对保险是否认可以及认可的程度。因此，在概念模型中，用“保险意识”来对应计划行为理论中“主观规范”这一变量。保险意识受保险认知和保险态度两个方面因素的影响。

主观规范包括两层含义：第一个是规范信念，第二个是顺从动机。具体到工程保险领域，第一层含义是指保险消费者对同行和利益相关方（政府、业主、总承包方、贷款银行等）是否支持其进行工程保险消费的判断，这取决于同行和利益相关方对保险消费行为是否认可。由于工程保险的被保险人具有广泛性的特征，可能是业主、主承包商、分包商、设备和材料供应商、勘察和设计师、技术顾问、监理人、投资者、贷款银行等，因此，工程保险的消费者对保险知识、保险现象的本质和作用认识越多，对保险消费的内容和实质了解得越充分，认识得越准确、越正面，自身购买保险的意向和可能性也就越大、越强，数量也就越多，相应地对他人购买工程保险的态度也就越支持，越对其消费行为起到推动作用；相反如果建筑行业对工程保险的认识越负面，对保险消费的内容、作用和实质了解得越不充分，那么企业自身购买工程保险的动力也就不足，对同业也会起到负面的示范效应。对于寿险产品，人们的保险认知更多的是来自周边亲朋好友的体验和宣传；在工程保险领域，对于工程保险的认知很大程度上来自政府、社会以及同业的引导和宣传。如果政府和业主对工程保险认知越充分，态度越积极正面，那么肯定越支持建筑商购买工程保险，支持的措施肯定越有力，因此工程建设方对保险的认知和态度对于保险消费选择十分重要。

第二层含义是顺从动机，顺从动机是个体行为决策时遵从他人意见的程度，也可以说是个体在得知重要他人或团体对其某项行为的态度之后，自身对其行为是否遵守他人的意见程度的考虑。在保险消费领域，可以理解为消费者受同行和利益相关方购买工程保险的态度影响的程度。这种影响程度主要受消费者对保险产品态度的强度、同行和利益相关方对消费者的重要性这两个因素的影响。如果个体对保险产品的态度越强烈，那么遵从他人意见的倾向就越弱，就会越坚持自己的行为选择。同行或利益相关方对消费者越重要，该消费者就越有可能遵从他人的意见。具体地，假设一家建筑商最初对工程保险持消极态度，但不是很强烈，若业主对工程保险的态度非常正面，那么该建筑商很可能在业主的示范、宣传和支持之下，放弃自己消极的选择决策而遵从政府或业主的意见，购买工程保险；当然，如果该建筑商对保险的印象非常差，那么最终他还是很可能放弃购买工程保险产品。再假如该建筑商对工程保险持消极态度，但是业主要求其必须投保，否则取消其承建资格，那么该建筑商就不得不购买工程保险。

（4）行为意向——消费意向。

因为本概念模型重点研究工程市场的保险消费行为，因此将“行为意向”这一变量改为“消费意向”。

（5）行为——消费行为。

因为本概念模型重点研究工程市场的保险消费行为，因此将“行为”这一变量具体化为“消费行为”。

2. 概念模型

综上所述，消费工程保险的意向和行为一是源自“感知行为控制”；二是源自“行为态度”，即对产品价值的感知；三是源自“主观规范”。当消费者认为工程保险能够为其带来较高的价值，同行或利益相关方对其购买工程的态度是正面的，且感觉已掌握采取该行为的能力和资源时，个人将产生强烈的行为意向，进而产生实际行为。也可以说，工程保险所能带来的社会属性、功能属性和情感属性越能满足人们的需求，人们的不同需求越能得到实现，那么人们消费工程保险的意向就越强烈，产生实际行为的可能性就越大。

计划行为理论告诉我们，人们对工程保险知识和工程风险了解越多，保险意识越强，对工程保险的意义理解越深刻，对工程保险产品质量及服务水平的评价越积极、越正面，资金和制度上保障越充分，则消费者对工程保险的价值感知越高，行为控制能力越强，工程保险消费行为意向也就越强，从而促进保险消费行为。

因此，本研究基于消费者行为学的视角，在消费者计划行为理论的基础上，建立工程保险消费行为影响因素的研究模型，在工程保险行业的发展与制度创新，以及工程保险的产品营销、产品创新、服务创新和提高客户价值感知方面，做一些有意义的尝试，以帮助保险企业研究顾客需求，关注顾客的利益，为顾客创造更多的价值，获取顾客的认同。

根据前述的分析，构建工程保险消费行为影响因素的三阶模型，即本研究概念全模型，如图 5.4 所示。

需要说明的是，在 Ajzen 的计划行为理论模型中，感知行为控制和行为之间存在一条虚线标识。相关文献表明这两个变量之间关系并未在结构方程式中定义，因此以虚线标识。如果有相关理论认为这两者存在关系，那么感知行为控制对行为的影响必须加以检验，也就应改为实线标识。虚线表明它并未受研究者所关心，因此以虚线标识（邱皓政、林碧芳，2009）[158]。当然也有文献显示虚线表明变量之间是通过中介变量来影响作用的，为了简化研究，不对虚线之间的关系进行检验和研究。

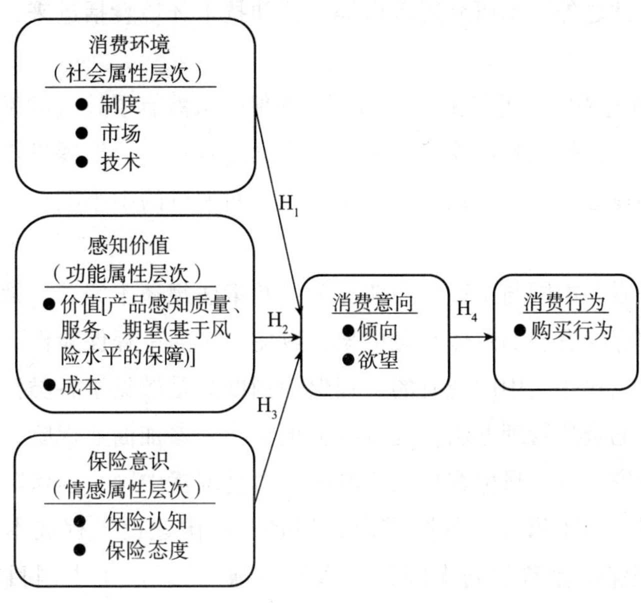

图 5.4　本研究概念全模型

本研究将影响消费者消费工程保险的因素分为消费者对保险产品价值的感知，消费者的保险意识以及消费环境，包含制度环境、市场环境和技术环境，以此为基本元素形成本研究的概念模型。以下就消费环境、感知价值、保险意识分别进行阐述。

（二）模型变量的解释

1. 工程保险消费环境

Skipper（1999）[159]从保险发展和环境的关系角度，提出了一系列影响保险发展的制度差异因素，强调保险发展是制度环境的产物。Klein（1995）[160]和余德麟（1997）[161]特别强调法律制度环境对保险产业结构形成与演化的影响。同时，转型期中国的许多学者从制度和文化意识与保险增长和发展的关系角度，做了许多开创性的研究，一致认为保险制度法律环境是转型期保险产业体系形成和发展过程中最重要的影响因素，并且认为转型期中国保险业的形成和发展与保险制度和法律体系的建立和完善关系极为紧密。

本研究认为，法律制度环境是影响工程保险消费者行为选择的主要因素之一。除此之外，本研究还将市场环境和技术环境囊括进来，统称消费环境。

（1）制度环境。近年来，中国的工程保险虽然有了较大的发展，取得了长足的进步，但工程保险的总体普及程度仍然很低，发展显得十分不均衡，承保的业务大多集中在一些大型项目，而大量的中小型项目的投保比例很低。

总的来看，中国与工程保险业有关的政策法规还不完善，缺乏能够指导中国工程保险发展的总体政策框架，致使中国的工程保险作为一项制度尚未真正得以建立。中国现有的工程保险制度只是散见于各类法规中，例如一些银行的贷款管理办法，规定有关项目必须参加商业保险，以保证其项目的贷款安全性。目标客户缺乏购买能力是困扰中国工程保险行业的重要难题。尽管有了潜在的保险需求，但是在中国建设工程成本的管理制度中，工程保险保费的列支问题一直是“缺项”。由于中国目前建设工程费用构成中并没有列入工程保险的投保费用，导致一些业主和承包商即使想投保工程保险，也苦于没有经费来源，缺乏经济与资金上的保证，无购买能力，这使企业投保工程保险后成本增加。国家有关部门应做出规定，解决保费列入投资概预算的问题。只有通过制度和法律手段，合理、有效地保障保费的来源，才能逐步建立符合工程保险业成长的制度环境。

促进要素生产率不断提高的关键不是其他，而是制度，制度才是经济发展的内生变量，在经济发展中制度高于一切。正是人们追求更高经济效率的利益驱动，才形成了制度创新和变迁的动力，从而推动了一个社会长期经济绩效的不断提升。因此针对中国工程保险业已进入了全新发展阶段的现状，当务之急是改革中国的工程保险制度，以使工程保险制度环境与建筑业快速发展相适应。同时应逐步完善现有的工程保证金制度、工程质量保证体系和风险管理机制，建立有效的工程质量保证和风险防范机制。

（2）市场环境。中国保险市场竞争较为混乱，各方常常是为了利益之争，采取恶性竞争的手段和策略。中国社会的诚信危机严重，这也在一定程度上加重了市场的无序性。市场上充斥着大大小小的保险公司，各公司之间为了抢占市场，目前大多是将提高市场份额作为企业的经营战略，甚至不计成本，不惜手段。保险公司的产品创新和服务创新落后，无法为消费者提供与消费需求匹配的产品和服务。无序竞争导致很多保险公司通过提高费率和提高对代理人和经纪人的佣金来抢占业务，这无疑给后期的保险服务埋下了不良伏笔。保险市场监管混乱，保险中介水平参差不齐，保险代理缺乏有效的政府监管和惩罚机制，后期的理赔和风险服务更是无从谈起。因此市场环境不容乐观，市场环境是制约消费者购买工程保险的主要因素之一。

（3）技术环境。中国的工程保险是从国外引进，一般只引进了条款，引进的管理技术较少，服务的知识和技术含量低。风险管理的手段落后，从业人员素质不高。在“预防风险”方面做得不够，重承保、轻防灾，未能有效介入工程风险管理。已开发的工程保险的险种不多，费率标准差异不大，保单内容缺乏可选择性，无法满足一些建设工程的个性化需求。中国还缺少一批真正意义上的保险中介机构和风险管理咨询公司。此外，建设行业协会协调作用尚未有效发挥，尚未建立有效的灾害数据库。而中国工程保险发展时间较短，灾害数据积累也较少，因此在厘定保险费率上缺乏合理性和科学性。

工程保险对人才素质要求较高，要求从事工程保险的人员既要掌握有关保险的理论与方法，还要对工程技术和工程管理理论特别是对工程计价的理论有相当深的理解与掌握，同时具有丰富的实践经验，专业人员的缺乏已经成为工程保险服务的软肋。而且中国目前缺乏工程保险复合型人才以及精算人才，因此在保费厘定、保险合同制定、风险管理以及后期理赔服务上都难以跟上客观形势的发展要求。使客户的投保积极性受到挫伤，限制了工程保险的发展。

2. 感知价值

对于保险产品来说，人们买的不是实物产品，而是他们的期望。消费者希望在交易过程中获取一定的顾客价值。顾客价值的本质是顾客感知，即顾客对与某企业交互过程和结果的主观感知。顾客感知价值是指顾客对企业提供的产品或服务所具有价值的主观认知，它不同于传统意义上的顾客价值概念。后者是指企业认为自己的产品或服务可以为顾客提供的价值，属于企业内部认知导向；而前者是指顾客对企业所提供的产品或服务的价值判断，属于外部顾客认知导向。

感觉和知觉合称为感知。消费者的感知心理活动是进行其他消费心理活动的基础。消费者的感知有时会和现实不一致，但是这个“感知”却对消费者的行为有重要意义。

Gale（1994）[86]主张只有将顾客价值纳入竞争策略核心之中，才能使企业保持竞争优势。Woodruff（1997）[91]则指出：“顾客感知价值是下一个竞争优势源泉。”企业为顾客提供优异价值的能力被视为是20世纪90年代最成功的竞争战略之一。如何将资源最大限度和有效地转化为顾客感知价值，这将是企业构筑核心竞争力的基点。顾客感知价值理论不但为企业营销带来了全新的进展，也为核心竞争力的构建提供了新的思路和方法。研究基于顾客感知价值条件下的企业核心竞争力的培育，对于企业发展具有重要现实意义。

顾客感知价值强调，光靠产品质量是不能创造和传递优异顾客感知价值的，必须深入了解顾客及其偏好，持续与顾客互动，识别顾客价值的关键驱动因素及其动态变化，并清楚地知道顾客在购买产品时是如何考虑得失进行选择的。要找出对顾客来说最重要的价值领域是什么，并考察这些价值领域受哪些因素影响。如果企业真正研究清楚目标顾客的价值，将有助于企业去培育适合自身的核心竞争力（Flint D. J.，Woodruff R. B. and Gardial S. F.，1993）[85]。

顾客价值的概念现在还没有定论，表5.1是学者们给出的一些较为有代表性的定义。

表5.1 顾客价值的代表性定义①

学者	顾客价值的内涵
Hirschman and Holbrook（1982）	顾客价值从其本质上看是顾客的主观感知，而不仅仅是由企业产品或服务本身客观决定的，因此，顾客价值既包括感性消费价值，也包括理性消费价值
Zeithaml（1988）	价值就是消费者基于其所得与所失的感知，对产品效用所做的总体评价
Gronroos（1990）	顾客价值实际上是一种关系价值
Monroe（1990）	购买者的价值感知代表感知利得与产品价格的感知利失相权衡
Morris（1994）	顾客价值就是顾客感知到的质量与价格之间的函数

① 根据相关文献整理。

续表

学者	顾客价值的内涵
Kotler（1994）	从顾客让渡价值和顾客满意的角度来阐述顾客价值。顾客让渡价值就是总顾客价值和总顾客成本之差；顾客满意是指一个人通过对一个产品的可感知效果与他的期望值相比较后，所形成的愉悦或失望的感觉状态
Albrecht（1994）	顾客价值是顾客对某一特定需求被满足程度的感知
Gale（1994）	顾客价值是经产品相对市场价格调整后的感知质量
Butz（1996）	顾客价值是顾客在使用供应商生产的产品并发现其产品提供了附加价值之后，与该供应商之间建立起来的感情纽带
Woodruff（1997）	顾客价值就是顾客对产品的某些属性、属性的性能以及在具体情形中有助于（或有碍于）达到其目标和意图的产品使用结果的感知偏好和评价
Higgins（1998）	顾客价值是顾客获得的利益与成本之间的差额
Anderson and Narus（1998）	顾客价值就是顾客从购买的产品中获得的价值与要付出的所有成本之间的“净收益”
Burnhamet（2003）	关系的建立与长期维持，能够增加经济方面的顾客价值和非经济方面的顾客价值，例如情感上的日益密切、信赖关系的建立等

美国密歇根大学商学院的福奈尔对保险业顾客满意度的形成机理进行了研究，结果见图5.5。研究认为保险业顾客满意度受到感知价值的直接影响，而感知价值取决于感知质量和顾客期望，感知质量和顾客期望同时也对顾客满意度产生一定的影响。还有学者认为服务业的客户感知价值包含多个关键维度，如顾客关系价值、顾客体验价值、顾客感知质量，它们分别影响了社会、情感、功能层面的满意水平（见图5.6）。大量研究表明客户感知价值是客户忠诚的决定因素，因此，客户能否获取较多的客户感知价值对客户预期购买量有重要的影响（Sweeney J. C.，Soutar G. N.，2001）[162]。

感知价值的一个重要维度是感知质量。而保险产品的质量是较难以衡量的。一方面由于保险提供的是服务产品，由于保险服务的非实体性，无法制定明确的质量标准来衡量；另一方面，保险服务产品也不可能以通过控制生产过程来保证产品质量的方法使其符合规定的质量标准。可见，保险服务质量与有形产品的质量在内涵上有着极大的差别。

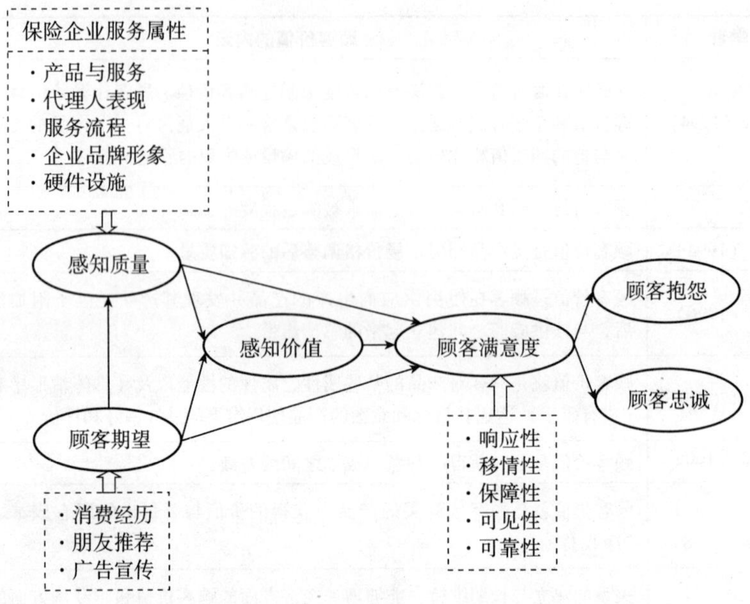

图 5.5　保险业顾客满意度形成机理

资料来源：福奈尔（Claes Fomell）教授等人提出的顾客满意理论模型。

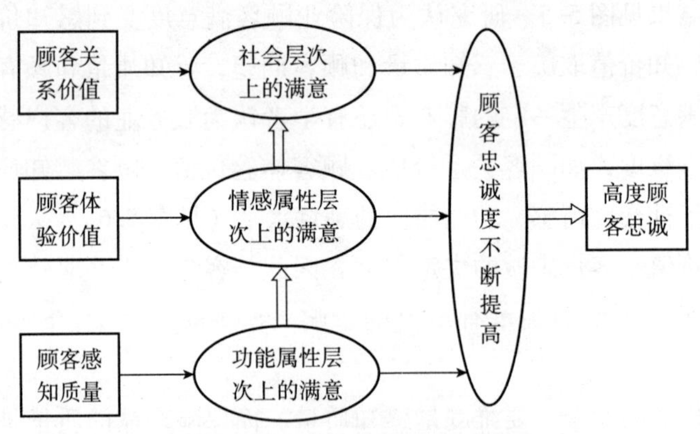

图 5.6　服务业高度顾客忠诚的形成路径[163]

对于保险产品质量，更特指的是其服务质量，一般而言，可以从以下几个方面来理解：①为消费者创造优异的价值。尽管保险条款是由保险行业制定，由特定的国家保险监管机构审批后在市场上销售，然而由于工程项目具有唯一性、一次性、不可逆性、系统性和不确定性的特征，决定了对工程保险承保风险特殊性和个性化的需求，因此保险企业需要研究消费者的需求，提供差异化的风险保障。在制定保险合同时，为消费者提供量身定做的产品，同时对特定工程有针对性地提出风险保障责任范围，才能为消费者提供价值最大化的服务。②消费者购买保险产品，除了期望在损失发生后，取得经济补偿，恢复生产生活之外，更重要的是期望不发生风险损失。在工程建设过程中，风险是复杂多变的，因此消费者更希望保险企业能够提供防灾防损服务。保险企业有着大量的风险损失案例以及风险防范的成功经验，可以帮助企业降低损失和风险发生的可能性，为工程建设保驾护航，这也是工程保险价值的重要组成部分。③保险服务质量还受到保险企业的企业形象和体验感受的影响。企业形象在保险服务过程中不可避免地影响到消费者对于服务质量的评价，如果事先有比较好的企业形象认同，可能在接受服务的过程中会强化这一感觉，从而觉得服务质量很好；如果事先对保险企业形象不认同，可能会强化另一种感觉，即认为这家保险公司果然不行，即使服务质量实际上比较好，但是消费者的评价会很低。体验感受取决于预期质量与实际感知质量的差，即消费者感觉到的服务质量与他们所期望的服务质量对比，如果消费者对服务感知符合或高于其预期水平，则他们获得了较高的满意度，从而会认为保险服务的质量比较高；反之则认为保险服务质量比较低。

保险产品的价值很大程度上还取决于预期与现实的一致性。投保人参加保险，以确定的小额保费支出代替不确定的大额损失，是由于风险厌恶者偏好“确定”的状态，通过这种替代，投保人的效用得到了增加，所以，保险产品的价值大小可以从这种效用的增加量来衡量。但购买保险产品并不必然产生这种正的效用，当投保者的预期与现实不一致时，“不确定”状态出现，投保便会给风险厌恶型的投保人带来负的效用，当这种负效用抵消甚至超过从保险产品中得到的正效用时，消费者对保险产品价值的感知会降低。现阶段，中国保险公司的风险管理水平低下，保险市场缺乏有效的风险识别、风险评估、风险防范和风险控制手段，保险公司很难为建设项目提供令人满意的风险管理服务；保险公司对工程建设的服务不尽如人意，很多项目在投保时获得的保障承诺，往往在出险理赔时难以兑现，因而达不到预期的效果。所以总体来看保险产品质量不高，工程建设企业保险购买欲望很低。所以，预期与现实的差异性严重影响保险产品的价值，进而影响企业的保险购买意向。

影响工程保险产品的感知价值的因素还包括风险水平（标的本身的风险大小）和保险价格。在支付能力一定的情况下，风险水平高低与工程保险的价值呈正向关系。风险水平越高，预期风险保障越大，预期保险所能带来的价值越高，购买工程保险的意向就越强。项目的风险越小，预期保险产品的效用越小，对价值的感知越小，购买工程保险的意向也就越弱。成本主要是资金成本即保险价格，价值与成本呈反向关系，在同样消费需求和支付能力一定的情况下，价格越高，消费者要支付的保险费越多，消费该产品的行为态度也就越弱。

综上所述，本研究将工程保险产品的质量、服务，基于风险水平对产品带来价值大小的期望，以及产品的成本定义为感知价值。结合 2. 2 节的研究和分析，本研究中的工程保险的感知价值为产品的质量、服务，加上基于风险水平对产品价值大小的期望，减去产品的成本。

3. 保险意识

中国居民和各行业风险意识和保险意识较低；对保险公司的印象普遍较差；保险条款过于复杂，保险产品对普通人来说难以理解。因此保险意识，以及对保险产品的认识和理解，也影响了人们对保险产品的消费。

（1）保险消费的心理基础——保险意识。

保险消费者是保险活动的主体。保险消费者的行为受其意识的支配，是其心理活动的外在表现。保险意识就是人们关于保险和保险现象的思想、观点、认识、心态的理论总和，是社会意识的一种形式。

①保险意识的内容。

意识是人类特有的一种心理功能。保险意识是社会生活的思想反映之一，它包括人们对保险、保险现象的本质和作用的理论、观点；包括从保险的角度对各种保险的看法和对人们行为的理解、感觉和评价；也包括人们关于保险的知识、愿望和情绪。

②保险意识的来源。

基于广义的界定，保险意识至少有三个重要源泉：其一，亲力亲为形成保险意识；其二，民间流传；其三，媒体宣传。三个源泉都可以使个体对保险形成或好或坏的意识，比如通过保险转嫁风险合算或不合算，保险业总体声誉很好、一般或较差，一些保险代理人很守信及有一些代理人会以欺骗的方式推销保险等。

③保险意识的功能。

保险意识具有统领和驾驭各种保险心理活动的特殊功能，其主要表现在对个体活动的导向、选择、反馈和统领与驾驭作用。

保险意识的导向作用，主要指被保险者参加保险活动都具有自觉的目的性。这种目的性，不仅表现为直接满足当前的需要，而且还在于能通过有计划的一系列活动去间接地满足长远需要。

个体从客观事物对主体含义性质出发，采取相应态度，这就是意识的选择作用。对被保险者来说，在整个保险活动中，每个人都有自己的投保标准、选择标准、优劣标准。一个人具体需要什么，选择什么样的险种，采取什么样的方式满足需要，这都是保险意识作用的结果。

主观的自我调节现象主要是通过意识反馈来实现的。所谓反馈，就是前一步活动的效果，转为决定后一步前进的信息；前一因素的变化，自然引起后一因素的反应。在保险活动中，需要依靠信息反馈，随时掌握发展动态，及时调整行为对策。

保险意识的统领与驾驭作用，主要表现在对其他心理活动的定向上。在对保险的认识过程中主要通过注意去体现。注意能使人们的心理活动指向保险这一客观事物。人若缺少良好的保险注意能力，就会降低保险欲望和保险活动效率。保险意识在思维过程中主要通过信念去体现。保险信念是人们衡量保险性质和功能的尺度，是人们参加保险活动的精神支柱。保险意识对于人们的保险活动主要通过意志去体现。人们在保险活动中常常受到社会环境和外界其他因素的影响。个体对于自己保险活动的意义和方法的确信度决定着意志的坚强程度。只有消除了障碍因素，增强保险意识，才能形成保险动机。保险意识对于人的个性心理主要通过情感去体现。由于人们的保险意识不同，对保险就会产生不同的情感，这种情感体现出性格，决定着参加保险的态度和保险行为。

同其他意识一样，保险意识的上述四种功能不是单独起作用，而是通过导向、选择、反馈对其他心理活动起统领与驾驭作用。这种作用，在认识过程中表现为：明确认识方向，选择认识内容，调节认识过程。在思维过程中表现为：明确思维任务、选择思维方式、检验思维结果。在行为过程中表现为：坚定行为方向、分辨前进障碍和采取排除对策。在个性心理上表现为：明确处事观点、选择对事态度和做出适当反应。这充分说明意识是主体活动的心理基础，决定着活动的方向、方式、方法。

④影响消费者保险意识的因素。

社会生产力水平的高低决定投保人保险意识的强弱。社会生产力虽然在很大程度上提高了人类社会的生活水平，但生产力进步在带来财富的同时，也给人类的生存和发展带来了许多新的风险因素。因此，社会生产力的进步和发展可以刺激人们的保险意识。目前中国居民的保险意识仍然较弱，究其原因有两方面：其一，虽然中国的综合国力已进入世界前列，但人均收入却远远落后于西方发达国家，这就使得居民对于购买保险会心有余而力不足，保险意识也就会相对较弱。其二，要结合历史发展的过程来考察人们的保险意识问题。人们风险观念或保险意识的形成要经过一个长期的发展演变过程，而绝不是一蹴而就的。

参与保险的效用与成本影响到居民的保险意识。对保险购买者来说，参与保险既有效用又有成本。一般来讲，参与者如果感觉保险效用高、成本低就愿意参加，否则就会对参与保险产生顾虑。在保险效用方面中国目前的特点是保险效用偏低。这种偏低的效用表现在很多方面，其中最突出的一个特点是需求供给的错位，表现为保险公司提供的保险产品很多人不需要，而很多人需要的保险产品保险公司又不能提供。在保险成本方面，与世界许多国家，甚至一些不发达国家相比，我们保险产品成本是过高的，这表现在：一是赔付率不合理，与发达国家相比赔付率偏低，这是保险公司粗放经营模式造成的。保险公司不从经营上下功夫，往往通过提高费率弥补自身的损失，增加了消费者的负担。二是投资效益低，难以为降低保费创造物质条件。

中国的经济水平和发展已经取得了举世瞩目的成就，但中国国民的保险意识不强是公认的事实，中国的保险深度和密度比世界平均水平还要低①。

（2）保险意识的界定。

---

① 见第3章第2部分。

由于保险意识不可观测，如何对其进行准确界定，学术界一直存在分歧，主要观点有两种：

第一种观点认为，保险意识是人们的保障意识及对保险本质的认识。于根元（1994）[164]认为，保险意识是人们对保险之于人身安全和财产安全起保障作用的重要意义的思想认识。余俊良（1996）[165]则提出，保险意识是人们寻求避免灾害或受到灾害以后能够获得经济补偿的保障意识，也包括对保险作用的认识和关于投保、索赔的知识等。

第二种观点认为，保险意识是人们对保险的认知与情感。宋国华等（1989）[166]将保险意识定义为人们关于保险的思想、观点及心理反映，体现人们对保险概念、性质、职能作用的认识及由此产生的理论观点，以及对保险的需求、感觉和评价，并进一步将保险意识分解为保险心理和保险思想。此后，学术界又对这个概念做了一些必要的修补和发展。王宪章（2000）[167]提出，保险意识即人们对保险的评价，是有关保险知识、习惯和心理活动的总称。高岩（2007）[168]认为，保险意识是指人们在生产、生活、工作当中形成的对于保险商品的认知程度，包括对保险的情感、态度以及对保险产品认识的广度、深度和准确度。谭丽姐（2008）[169]提出，保险意识包括人们的保险偏好和保险知识，是指人们对保险的情感、态度以及对保险商品认识的深度和广度。陈朝先（2000）[170]则强调，保险意识反映的是保险制度或机制的客观存在对人们刺激作用的大小，人们对保险制度所发挥的作用感应较强烈，称为具有较强的保险意识；反之，则称为保险意识较弱。

综合上述两种观点，保险意识主要包括保险认知和保险态度，二者相辅相成，互相关联，共同形成了保险意识的立体构面。

中国公民的风险意识和保险意识不强。在建设工程领域，市场竞争激烈，更加剧了对工程保险的漠视。从承包商方面看，建筑市场不需要承包商履约担保，建筑市场的准入主要看企业的资质，而不是风险承担能力。业主对承包商的要求主要是垫资能力、低价承保能力、与业主长期的合作关系等，而不是各类担保。由于建筑业的激烈竞争，承包商也没有转移风险的意向和能力。另外，由于意识、谈判地位、最终价格等问题，工程保险的真正受益者，包括企业、从业人员、建筑产品的最终消费者还没有形成表达正当交易需求的力量。业主和总承包的发包方在市场交易中属于强势群体，当强调公平交易的工程保险制度与强势群体的利益发生冲突时，就会遭到自觉或不自觉的抵制。

随着经济的发展，企业的获利水平不断提高，满足基本的再生产需要之后的剩余利润不断增加，产生了购买保险产品的需求。可见，保险消费行为是企业在基本的需求满足之后，在财富积累和企业盈余的前提和基础之下才产生的。目前中国建筑企业的市场竞争激烈，企业绩效不佳，再加上建筑工程管理体系的不完善，更没有购买保险的动力，导致风险意识和保险意识低下状况更加恶化。

本研究将保险意识定义为保险认知及保险态度，并总结已有的研究文献，对保险意识的内涵进行界定，如图 5.7 所示。人类的意识活动具有社会性，因此可以通过问卷的方式进行抽样调查来反映这样一种意识，并通过数理分析来测度其水平。

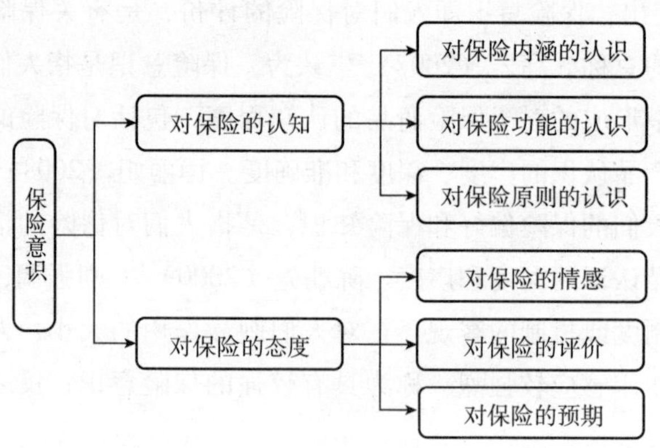

图 5.7 保险意识的界定

4. 消费意向与消费行为

保险消费者购买意向由消费者对产品的感知价值决定，并受消费环境和保险意识的影响。国内学者普遍认为购买意向是消费者买到适合自己某种需要的商品的心理倾向，是消费心理的表现，是购买行为的前奏。在之前的研究文献中，学者们对消费意向与消费意愿并未进行区别，因此本研究为研究的一致性与统一性，在之后的模型中全部使用消费意向，不再使用消费意愿的概念。

根据 Fishbein 的定义，消费意愿为消费者从事特定购买行为的主观倾向。由于行为意向（Behavior Intention）是指个人对于采取某项特定行为的主观概率的判定，它反映了个人对于某一项特定行为的行为意愿，因此在本研究的概念全模型中，综合学者对消费意向的定义，将消费意向定义为消费倾向与欲望，一个是倾向，即是否投保；另一个是欲望，即意愿的强弱。

消费行为是企业的实际购买行为，是指满足消费需求而发生的购买商品的实际行为，消费者把自己的购买意向转变为实际的购买行动。

（三）研究假设

本研究基于消费者行为学的视角，在消费者计划行为理论的基础上，建立工程保险消费行为影响因素的研究模型，在工程保险行业的发展与制度创新，以及工程保险的产品营销、产品创新、服务创新和提高客户价值感知方面，做一些有意义的尝试，以期使企业更加以顾客为中心，研究顾客需求，为顾客创造优异的价值，获取顾客的认同。

由前述内容可知，影响中国建设工程保险消费的主要因素是消费环境、保险意识，以及项目建设各方对工程保险产品价值的体验和感知。通过这些因素作用于工程保险消费方的消费意向，最终影响到消费者的消费决策即消费行为。因此，根据以上分析，在前述研究架构的基础上提出本研究的研究假设，见表 5.2。

表 5.2　本研究假设汇总

标号	研究假设
H_1	消费环境与消费意向之间有较强的正相关关系
H_2	感知价值与消费意向之间有较强的正相关关系
H_3	保险意识与消费意向之间有较强的正相关关系
H_4	消费意向与消费行为之间有较强的正相关关系

三、本章小结

本章是实体章，在消费者计划行为理论的基础上，阐述了影响工程保险消费意向与消费行为的影响要素，构建了工程保险消费行为影响因素的三阶模型。在模型中，确定了消费环境包含制度环境、市场环境和技术环境三个变量；感知价值包含价值和成本两个变量；保险意识包含保险认知和保险态度两个变量；消费意向包含倾向和欲望两个变量；消费行为包含购买行为变量。另外，本章还提出了相应的研究假设，由此形成本研究的概念全模型。

第 6 章

CHAPTER 6

模型的实证研究设计

第5章详细阐述和构建了工程保险消费影响因素的模型，即消费环境、感知价值、保险意识和消费意向、消费行为的研究框架，建立了研究模型。但要深入分析消费环境、感知价值、保险意识和消费意向、消费行为的各个组成要素以及作用关系，还需要进一步得到实证数据的支持与检验。

对于工程保险消费行为的实证研究较少，其中最关键的问题就是如何进行消费环境、感知价值和保险意识的测量。

一、模型中变量的测量

对于需研究的变量给定明确的操作性定义，有利于问卷的结果分析。本研究拟探讨的变量：消费行为影响因素（消费环境、感知价值、保险意识）、消费意向、消费行为的操作性定义见表6.1。

表6.1 研究变量的操作性定义

变量	操作性定义
消费行为影响因素	消费环境：现有制度环境、市场环境和技术环境 感知价值：消费者对产品质量的感知、对产品服务的感知、基于风险水平对产品的期望和产品可能达到的效用的感知，以及付出的成本 保险意识：消费者的保险认知和保险态度
消费意向	消费者消费工程保险的意向主要包括消费倾向和消费欲望
消费行为	消费者对工程保险的消费行为
问卷对象	问卷对象变量：性别、职称、从事岗位、司龄、所在企业规模、所在企业类型

详细的问卷与问项对照见表6.2。

表6.2 研究变量与问项对照

变量	相关问项
工程保险消费环境（ENVI）	● 您认为现有的国家法律、制度可以满足工程保险实践发展的需求（投保细则和保费来源等；谁投保？投保范围？险种划分？） ● 您认为现有概预算管理办法支持和保证了贵公司购买工程保险的行为 ● 保险市场信息是完全对称的 ● 目前工程保险市场的竞争是规范、有序、透明的，现在可以很方便买到想要的工程保险产品，不用花费太多的精力

续表

变量	相关问项
工程保险消费环境（ENVI）	● 目前保险公司、保险中介、行业协会的风险管理技术使您感到满意 ● 您可以在市场上现有的保险中介/代理机构（公估、经纪公司）中得到优质的保险中介服务和保险知识
工程保险感知价值（VALU）	● 目前的市场上可以很容易买到与工程风险状况匹配、为工程量身定做的产品 ● 拟购买的工程保险合同条款清楚明确、通俗易懂 ● 在购买保险产品前可获得满意的信息咨询服务 ● 在保险合同存续期内，可获得满意的培训、风险管理及其他咨询服务 ● 项目风险越大，保险给您带来的物质和精神保障越强 ● 工程保险可以提高工程建设的风险管理水平 ● 目前工程保险的费率是合理的，您完全接受 ● 如果参加工程保险，不会增加您或贵公司很多额外的工作
保险意识（CONS）	● 您认为工程项目必须有适当的风险保障安排手段 ● 您认为保险是集合多数人的财力，帮助遭受损失的个体 ● 您对保险的态度是正面的、积极的 ● 您对目前保险行业的态度是正面的、积极的
工程保险消费意向（INTE）	● 您愿意通过保险转嫁您的工程建设风险 ● 尽管缺乏有效的资金来源保证，您仍然愿意购买工程保险 ● 尽管现有的工程保险产品和服务与您的期望尚有差距，但您仍愿意购买
工程保险消费行为（BEHA）	● 您愿意购买通用性较强的产品，并不需要针对您项目设计的个性化产品 ● 您购买工程保险时，价格而非服务是您优先的考虑因素 ● 您更愿意通过保险中介购买保险产品，而不是直接在保险公司购买 ● 您更愿意在中小型保险公司而非大型公司购买工程保险产品

基本资料：
- 性别
- 职称
- 从事岗位
- 司龄
- 所在企业规模
- 所在企业类型

二、问卷设计与数据收集

（一）问卷设计

问卷设计主要经历以下几个步骤，如图 6.1 所示。

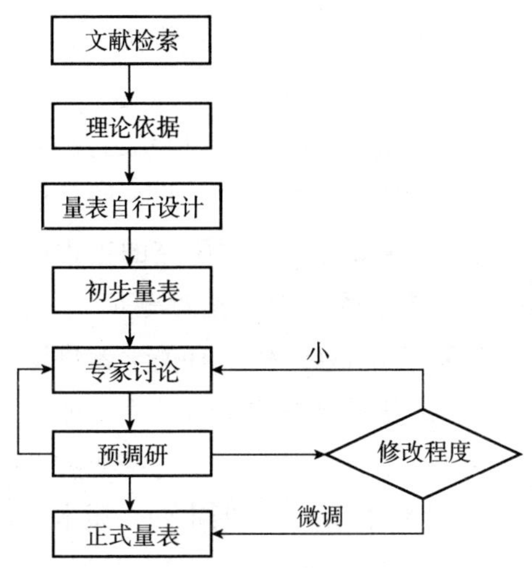

图 6.1　本研究量表设计步骤

第一步，通过大量的文献检索以及研究需要确定潜变量的测量角度，在此过程中，对于现有文献没有涉及或者不符合本研究要求的些许题项尝试自行设计，形成本研究量表的初稿。

第二步，邀请两位工程保险和一位营销方面的学者阅读并提出修改意见，简化量表中的累赘措辞，力求整个量表简单明了。同时针对初稿中的学术用语进行口语化表达处理，尽可能地使受访者完整和准确了解本量表的所有题项。

第三步，请保险公司和建筑承包企业的 23 名相关从业人员初步填写问卷，并标出填写者不能清楚理解的题项，并提出修改意见。与 5 位受访者从受访者的角度对问卷展开讨论。这个过程有两个作用：第一，根据问卷反馈意见进一步消除本量表出现表达意义不清楚和过于学术化的字句；第二，利用收集到的 23 份问卷进行初步数据处理，初步了解问卷的信度和效度。如果只需要微调则进入正式量表排列程序。如需要较小程度的修改，则重新进入专家讨论环节。

第四步，针对提问方式以及受访者回答的便利性问题，邀请两名博士研究生对本量表的排序进行仔细分析，如采用 Likert 七级尺度衡量时，将所有需要回答“完全同意—完全不同意”的题项尽量排列在一起，以免受访者在理解上出现误差。

第五步，由于部分问卷是通过电子邮件、MSN 和 QQ 的即时通信工具来收集问卷，在本研究的问卷收集过程中能够获得被调研者所反馈的即时意见。

本研究问卷题项为了避免问卷臃肿和烦琐，没有为每个题项设置题干，将每个变量的测量题项按顺序排列在一起，而是根据提问方式、口气和内容需要进行随机排序，由此形成了本研究的正式量表。整个量表一共包括两个部分：第一部分要求受访者根据对题项说法的同意程度进行打分；第二部分为受访者的个人信息，根据有关学者建议，将受访者个人信息题项放在问卷的末尾，以免引起受访者的逆反心理以及由此带来的数据质量问题。

本研究量表分为 Word 版本和 Excel 版本两个版本（内容详见附录 A)。Word 版本主要用于打印印刷版问卷，有利于现场发放问卷，及时有效地回收问卷。Excel 版本问卷主要是利用电子邮件发放和在线传送，所有题项的计分均设计在同一列，在汇总数据时只需要复制该列即可完成该份问卷的数据采集，避免由于人工录取数据可能带来漏录、错录和误录等隐患，力求保证数据的真实性。

（二）数据收集

正如张健东（2005）[171] 在数据收集的有关博士论文中所言，“一厢情愿的数据收集工作效果不理想，这也凸显了调查研究在数据收集方面的难度，需要更多的坚持和创造性。”数据收集工作难度确实较大。

本研究一共分三种问卷发放方式和两个时间段进行数据收集工作。

第一部分是问卷现场回收，时间范围为 2010 年 10 月至 2011 年 4 月。笔者在对客户进行工程保险知识培训时，在课堂上现场发放和回收问卷，累计在培训的六个班级发放 135 份问卷，回收 121 份。由于笔者亲自在现场解决受访者提出的各种疑惑，这 121 份问卷很幸运的全部为有效问卷。选择该问卷发放方式是因为填写问卷者基本上均为业主、施工承包企业的工程技术部和计划合同部的中层或高层技术或合同管理人员，一方面他们长期从事铁路、地铁、公路或房屋建筑的施工技术和造价管理，对于工程保险消费有基层一线的了解和把握；另一方面，他们对于建筑业企业所处的制度环境、市场环境、技术环境，以及各利益相关者也很熟悉。因此能够保证受访者在一个较高的角度来填写本研究量表，真实地反映企业实际，提高样本数据质量。

第二部分是通过MSN、QQ和电子邮件发放问卷，时间范围为2011年5~9月。总共发放问卷数目不详，回收的有效样本168份。选择该途径发放问卷是出于三点考虑：第一，数据难以轻易获取，通过以往同学以及朋友的介绍来获取数据不失为一个较为轻松的途径；第二，本研究希望受调查的对象可以覆盖工程保险消费的各个利益主体，包含业主、开发商、投资方、承包商、供应商、设计院、监理公司等，使其具有一定的代表性；第三，笔者发放问卷或请求帮助发放问卷的对象大多就职于中国铁道建筑工程总公司旗下各承包商企业、中国中铁股份有限公司旗下各承包商企业、中国交通建设股份有限公司旗下各承包商企业、中国建筑股份有限公司旗下各承包商企业、各铁路局基建处、各铁路及轨道交通设计院、监理公司、房地产企业等，他们已经在职业生涯中辛勤耕耘了多年，基本上处于企业的中高层技术或管理岗位，因此对工程保险消费的整体情况比较熟悉和了解，有利于提高样本数据质量。

（三）数据描述

1. 样本的回收率和有效回收率

社会调查中的回收率（Response Rates，也称作回答率或应答率）指的是调查者实际调查的样本数与计划调查的样本数之比。更具体地说，就是社会调查过程中研究者成功完成调查询问的个案数占计划完成的样本总个案数的百分比。而有效回收率指的是通过对问卷的审核，剔除那些填答不全或明显乱填的废卷后所剩下的问卷数（即有效问卷数）占样本总体数的百分比（风笑天，2007）[172]。

在进行数据分析之前，利用SPSS16.0对数据样本进行扫描，对数据进行预处理。预处理原则如下：首先，将缺失题项数为3个或3个以上的问卷视为无效问卷摒弃，共摒弃此类问卷17份。其次，对于仅有一个或两个缺失题项数的问卷，根据侯杰泰、温忠麟和成子娟（2005）[173]的建议采用均值替代法（Mean Substitution）来补全该缺失题项得分，共处理这类问卷2份。最后，对于明显具有随意填写，并非反映填写人真实想法的问卷进行直接删除处理。如所有得分均为7或其他数值，共删除此类问卷2份。

如表6.3所示，总的来看，本研究共回收问卷308份，其中有效问卷为289份，有效回收率为93.84%。

表6.3 样本回收情况

回收途径	发放样本数	回收样本数	有效样本数	回收率（%）	有效回收率（%）
现场回收	135	121	121	89.63	100
MSN、QQ和E-mail	—	187	168	—	89.84
总计	—	308	289	—	93.84

2. 样本描述

本研究中样本数据分布情况主要通过性别、职称和从事岗位，司龄和企业规模，企业类型3类基本指标来进行描述。

（1）样本的性别、职称和从事岗位分布状况。

研究数据样本受访者性别、职称和从事岗位分布状况如表6.4所示。

表6.4 受访者的性别、职称和从事岗位分布状况

变量	项目	样本数	百分比（%）	累计百分比（%）
性别	男	241	83.39	83.39
	女	48	16.61	100.00
职称	高级	215	74.39	74.39
	中级	53	18.34	92.73
	初级	21	7.27	100.00
从事岗位	技术	139	48.10	48.10
	合同	92	31.83	79.93
	财务	31	10.73	90.66
	安全	19	6.57	97.23
	其他	8	2.77	100.00

在所有受访者中男性数量占大多数，为241人，占总人数的83.39%；而女性只有48人，占总人数的16.61%。而从受访者的职称指标来看，所有受访者中，高级职称人数最多，共有215人，占74.39%；其次是中级

职称人员，有53人，占18.34%；初级职称最少，只有21人，占7.27%，这是由本研究的问卷发放途径决定的，符合本研究的预期。建筑业以及工程保险行业的特点决定了女性占比较少。而同时受访者一般都为企业相关技术或管理部门负责人，因此本研究认为这两项指标大致与实际情况相符。

另外，从受访者从事岗位的分布状况来看，来自技术部门的最多，一共有139人，占48.10%；处于第二位的是合同管理部门，有92人，占31.83%；处于第三位的是财务部门，有31人，占10.73%；处于第四位的是安全质量部门，为19人，占总样本数的6.57%；还有8位选择了其他，占2.77%。从岗位的分布情况来看，受访者的分布较为均匀，说明样本数据具有比较好的代表性。

（2）样本的司龄和企业规模分布状况。

研究数据样本的司龄和企业规模分布状况如表6.5所示。

表6.5 样本的企业司龄和企业规模分布状况

变量	项目	样本数	百分比（%）	累计百分比（%）
司龄	3年以下	23	7.96	7.96
	3~5年	45	15.57	23.53
	5~10年	167	57.79	81.32
	10~20年	43	14.88	96.20
	20年以上	11	3.80	100.00
企业规模	100人以下	17	5.88	5.88
	101~300人	45	15.57	21.45
	301~1000人	84	29.07	50.52
	1000人以上	143	49.48	100.00

从样本的司龄分布来看，司龄为5~10年的受访者最多，有167位，占到57.79%；其次是司龄为3~5年的受访者和10~20年的受访者，分别占到15.57%和14.88%；紧随其后的是司龄为3年以下的受访者，有23位，占7.96%；调查对象中司龄为20年以上的受访者最少，只有11位，占到总数的3.80%；另外从企业规模来看，企业员工数量在1000人以上的企业最多，为143家，占到总数的49.48%；其次是员工数量在301~1000人的企业，有84家，占到29.07%；处于第三位的是员工数量在101~300人的

企业，有45家，占到15.57%；而企业人数在100人以下的企业最少，只有17家，仅占5.88%。整体上看，通过第一、第二类途径回收的问卷基本上都属于大型央企，这一点与预期相符合。

(3) 样本的企业类型分布状况。

研究数据样本所在的企业类型分布状况如表6.6所示。

表6.6　样本分布状况

变量	项目	样本数	百分比（%）	累计百分比（%）
企业类型	业主	41	14.19	14.19
	施工承包商	105	36.33	50.52
	设计院	47	16.26	66.78
	监理公司	37	12.80	79.58
	房地产企业	20	6.92	86.50
	供应商	34	11.76	98.36
	其他	5	1.74	100

从数据样本所在的企业类型分布状况来看，施工型承包商类型行业的企业最多，有105家，占36.33%；工程设计型企业次之，有47家，占16.26%；第三位是工程管理型企业，有41家，占14.19%；随后第四位和第五位的是监理公司和供应商，分别有37家和34家，分别占12.80%和11.76%；第六位是房地产企业，有20家，占6.92%；另有5家企业不属于这六种类型。整个企业类型分布较为均匀，说明样本数据具有一定的代表性。

三、分析方法和分析工具

（一）分析方法

结构方程模型（Structural Equation Modeling，SEM）是基于变量的协方差矩阵来分析变量之间关系的一种综合性的统计方法，因此又称为协方差结构分析。在近30年，SEM大量地被应用于社会科学及行为科学领域，并在近几年开始逐渐应用于市场研究中。SEM建立在许多传统统计方法的基础之上，融合了因素分析和路径分析的多元统计技术，综合运用和提高了验证性因素分析、路径分析、多元回归及方差分析等多种传统的统计方法。

1. SEM 的优点

传统的统计方法，如方差分析、多元回归、因素分析等，都是从已有的数据中进行探索，发现客观规律，所以这种分析属于探索性分析。而 SEM 的基本思想主要是：研究者首先形成研究课题的理论框架，经过推论和构建，设定一组变量之间的因果关系，并提出一系列相关假设；其次根据样本数据抽样测验后，获得一组观测变量（自变量）的数据，以及样本数据的协方差矩阵；最后用样本数据的协方差矩阵来估计理论模型的各个参数矩阵。实际上，SEM 就是理论假设模型与从实践测量中得到的数据形成的模型之间进行比较。如果拟合度很好，则模型是可以接受的；如果不能很好地拟合数据，模型就存在改进的必要。

结构方程模型与传统的统计方法相比，至少具有以下四个优点：①同时处理多个因变量。而传统的统计方法在处理某个因变量时往往都假定其他因变量为常数项。②容许自变量和因变量含有误差，精确估计观察变量与潜在变量之间的关系。③同时估计因子结构和因子关系。④可以估计整个模型和数据的拟合程度。因此，结构方程模型被广泛认为是解决社会科学研究数据多变量间交互关系的定量研究最强有力的工具之一，其目的在于探索事物间的因果关系，并将这种关系用因果模型、路径图等形式加以表述。

2. SEM 的模型构造

在模型中包括两类变量：一类为观测变量，也称为自变量，是可以通过访谈或其他方式调查得到的，用长方形表示；另一类为结构变量，是无法直接观察的变量，又称为潜变量或因变量，用椭圆形表示。潜变量又可以分为两类：一类称为外生潜变量或显变量，是指直接由观测变量测量且不受其他潜变量影响的潜变量，另一类称为内生潜变量或隐变量，这类变量虽然也是直接由观测变量来测量，但同时它还受到其他潜变量的影响。

整个结构方程模型可以分为两部分：测量模型和结构模型。测量模型主要用于分析潜变量（包括外生潜变量和内生潜变量）与测量题项之间的关系，而结构模型主要用于分析潜变量之间的交互关系。

3. SEM 的模型拟合指标

模型的优劣一般可以从整个模型的拟合指标来进行判断，比较常用的拟合指标有：

（1）χ^2 卡方指数。

整体拟合的第一个指数是卡方指数。值越小，说明实际矩阵和输入矩阵的差异越小，说明假设模型和样本数据之间拟合程度越好。但卡方对于样本量过于敏感，因此有学者建议用卡方自由度之比（χ^2/df）来衡量。一般来说，卡方值越小越好，χ^2/df 小于 5 即可。

（2）拟合优度指数（Goodness of Fit Index，GFI）和调整拟合优度指数（Adjusted Goodness of Fit，AGF）。

拟合优度指数反映了假设模型能够解释的协方差的比例，拟合优度指数越大，说明自变量对因变量的解释程度越高，自变量引起的变动占总变动的百分比越高。如果同时考虑变量的数量，则产生了调整拟合优度指数。一般来说，拟合优度指数和调整拟合优度指数的值在 0 ~ 1，数值越接近 1，则假设模型越好。一般该指数大于 0.9 时，就可以认为模型拟合程度较好。

（3）残差均方根（Root Mean square Residual，RMR）和近似误差均方根（Root Mean Square Error of Approximation，RMSEA）。

残差均方根和近似误差均方根是测量输入矩阵和估计矩阵之间残差均值的平方根，数值越小则说明模型拟合程度越佳。一般认为若 RMR 和 RMSEA 在 90% 的置信区间分别小于 0.05 和 0.08，即可认为模型拟合程度较好。

（4）规范拟合指数（Normed Fit Index，NFI）和增量拟合指数（Incremental Fit Index，IFI）。

规范拟合指数是测量独立模型与假设模型之间卡方值的缩小比例。但其与卡方指数一样，容易受到样本容量的影响，为弥补其缺点，学者建议采用增量拟合指数来衡量模型优度。一般来说，NFI 和 IFI 的值在 0 ~ 1，数值越接近 1，则假设模型越好。一般该指数大于 0.9 时，就可以认为模型拟合程度较好。

（5）比较拟合指数（Comparative Fit Index，CFI ）。

比较拟合指数反映了独立模型与假设模型之间的差异程度，一般来说，CFI 的值在 0 ~ 1，数值越接近 1，则假设模型越好。一般该指数大于 0.9 时，就可以认为模型拟合程度较好。

关于研究模型拟合优度的问题，学者们没有一个统一的看法。温忠麟、侯杰泰和马什赫伯特（2004）[174]认为一个理想的拟合指标应当具有下面三个特征：①与样本容量 N 无关，即拟合指标不受样本容量的系统影响；②惩罚复杂模型，即拟合指标要根据模型参数多寡而作调整，惩罚参数多的模型，这也是进行模型改进的基本原则之一；③对误设模型敏感，即如果所拟合的模型不真（参数过多或过少），拟合指标能反映拟合不好。

一般常采用 χ^2/df、拟合优度指标（GFI）、规范拟合指数（NFI）、比较拟合指数（CFI）、增量拟合指标（IFI）、残差均方根（RMR）和近似误差均方根（RMSEA）7 个指标来衡量模型的拟合程度。根据有关学者建议，各个拟合指标临界值为：χ^2/df 需要小于 5；RMR 和 RMSEA 分别小于 0.05 和 0.08；GFI、IFI、NNFI 和 CFI 都需大于 0.9 才可视为理想的拟合度，大于 0.8 也可以被认为具有较好的拟合度（Gerbing D. W., 1992）[175]。

（二）分析工具

应用 SEM 比较流行的有 AMOS 和 LISREL 两个软件。本研究使用 LISREL8.70 作为分析工具。同时，还使用 SPSS16.0for Windows 进行数据预处理以及调节变量假设的回归检验分析。

四、本章小结

本章是实体章，在第 5 章分析基础上，大量借鉴了现有文献对相关变量的测量题项，严格按照问卷设计流程形成了本研究的量表。对所收集的数据进行初步统计，以便于进行下一步分析。本章还阐述了结构方程模型的优点和原理，确定了本研究中所采用的拟合指标，为第 7 章正式数据分析做准备。

第 7 章

CHAPTER 7

模型的数据分析与假设检验

一般在数据分析的时候，先要对数据进行描述性统计分析，以发现其内在的规律，再选择进一步分析的方法。

一、数据的描述性统计分析

根据表6.2的研究变量和题项，使用SPSS统计软件包（SPSS 16.0for Windows）计算本研究中相关变量的均值和标准差，具体统计结果如表7.1所示。从相关测量指标的平均值和标准差来看，所有测量指标的均值均在4.11和5.56之间，标准差在1.049和1.779之间。可见，样本分配集中且离散状态良好，可以进行下一步分析。

表7.1　测量指标的平均值和标准差

变量/题项	平均值	标准差	题项	平均值	标准差
消费环境（Consume Environment，ENVI）			消费意向（Consume Intention，INTE）		
ENVI1	5.05	1.158	INTE1	4.82	1.218
ENVI2	4.99	1.135	INTE2	4.89	1.180
ENVI3	5.12	1.115	INTE3	4.45	1.241
ENVI4	4.44	1.063			
ENVI5	5.56	1.212			
ENVI6	4.79	1.333			
感知价值（Perceived Value，VALU）			消费行为（Consume Behavior，BEHA）		
VALU1	4.11	1.594	BEHA1	5.13	1.431
VALU2	4.42	1.560	BEHA2	4.34	1.435
VALU3	4.78	1.745	BEHA3	4.39	1.473
VALU4	4.39	1.701	BEHA4	4.64	1.489
VALU5	4.44	1.779			
VALU6	4.30	1.697			
VALU7	4.65	1.662			
VALU8	4.93	1.576			
保险意识（Insurance Consciousness，CONS）					
CONS1	4.82	1.168			
CONS2	4.50	1.106			
CONS3	4.61	1.119			
CONS4	4.39	1.049			

二、信度检验

信度（Reliability）又可称为可靠性，是指测验的可信程度。信度好的指标在同样或类似的条件下重复操作，可以得到一致或稳定的结果。它主要表现测验结果的一致性、一贯性、再现性和稳定性，信度系数是衡量测验好坏的一个重要技术指标。在学术界实证研究中，一般使用内部一致性系数（Cronbach α）来衡量数据的可靠性。一般认为 α 值在 0.60 以上即表明量表具有较高的信度。如果 α 大于 0.70 则表明数据的可靠性较高，计量尺度中的项目个数小于 6 个时，α 大于 0.60，表明数据是可靠的。

本研究使用 SPSS16.0 统计软件，计算各个变量的内部一致性系数，如表 7.2 所示。

表 7.2　各变量信度系数

变量	项目数	Cronbach α 值
消费环境（ENVI）	6	0.769
感知价值（VALU）	8	0.907
保险意识（CONS）	4	0.763
消费意向（INTE）	3	0.860
消费行为（BEHA）	4	0.735
总量表	25	0.850

通过变量信度系数表可以看出，消费环境（ENVI）Cronbach α 值为 0.769；感知价值（VALU）Cronbach α 值为 0.907；保险意识（CONS）α 值为 0.763；消费意向（INTE）α 值为 0.860；消费行为（BEHA）α 值为 0.735。总量表的 α 值为 0.850。所有变量的 α 值均高于 0.7，表明本研究的各变量的计量尺度比较可靠，完全符合本次研究的要求。

由于 LISREL 软件对变量名称字节的限制以及表述简洁的目的，在下文中对潜变量均用括弧里面对应的大写字母代替，如“消费环境”潜变量由“ENVI”替代，“感知价值”由“VALU”替代，以此类推。

三、效度检验：探索性因子分析

效度（Validity）是指概念定义（Conceptual Definition）及操作化定义（Operational Definition）之间是否契合。同样的指标在不同的研究目的下，可能有不同的效度。本研究主要对变量的内容效度（Content Validity）和构建效度（Construct Validity）进行检验。

内容效度测试量表内容或题项的适当性与代表性。内容效度常以题项分布的合理性来判断，属于一种命题的逻辑分析。本研究量表题项部分是自行设计的，部分是来自国内外学者的实证研究文献，并经过两位工程保险专家与一位营销专家的审视，初步问卷通过了小规模访谈和预试，由此可认为本问卷具有相当的内容效度。

建构效度是指测量结果体现出来的某种结构与测值之间的对应程度。建构效度最关心的问题是：测量工具（量表）实际测量的是哪些特征？在评价建构效度时，研究人员要试图解释“量表为什么有效”这一理论问题以及考虑从这一理论问题中能得出什么推论。

根据比较通行的做法，本研究采用因子分析（Factor Analysis）来进行效度检验。因子分析的基本思路是寻找公共因子以达到降维的目的。在寻找公共因子的过程中，是否利用先验信息，产生了探索性因子分析（Exploratory Factor Analysis，EFA）和验证性因子分析（Confirmatory Factor Analysis）的区别，因此进行效度检验分为三步：

第一步，Bartlett 球度检验和 KMO。

因子分析是以测量变量间的相关系数作为分析的依据，因此在进行因子分析之前，研究者必须检查其样本数据资料符合因子分析。一般认为做因子分析的条件有三个：首先，因子分析的变量都必须是连续变量，符合线性关系的假设，顺序与类别等没有量化特征的变量不应使用因子分析来简化结构。其次，样本的抽取过程必须符合概率原理并具有一定的规模。一般进行因子分析的样本数应大于300，样本数在100以下不宜进行因子分析。样本量与变量数至少要在5∶1以上时进行因子分析才是有效的，理想的样本量应该是变量数的10～25倍。最后，变量之间需具有一定程度的相关，但是一群相关太高或太低的变量却会造成执行因子分析的困难。

测量变量的相关情形，可以通过 Bartlett 球度检验（Bartlett's Test of

Sphericity）与 KMO（Kaiser- Meyer-Olkin measure of sampling adequacy）检验来检验。Bartlett 球度检验从检验整个相关矩阵出发，其零假设为相关矩阵是单位阵，即各观测变量之间是不相关的，这时认为不适合做因子分析。KMO 是用于比较观测值相关系数值与偏相关系数值的一个指标，其值愈接近 1，表明对这些变量进行因子分析的效果愈好；当 KMO 较小时，表明观测变量不适合做因子分析。Kaiser（1974）[176] 指出执行因子分析时，KMO 指数可以参考如下标准：大于 0.90 为极佳的；0.8 以上为良好的；0.7 以上为中等的；0.6 以上为平庸的；0.5 以上为可悲的；0.5 以下是无法接受的。

第二步，探索性因子分析。

探索性因子分析试图揭示一套相对比较大的变量的内在结构。研究者的假定是每个指示变量都与某个因子匹配，这是因子分析最通常的形式。没有先验理论，只能通过因子载荷凭知觉推断数据的因子结构。探索性因子分析的目的就是实现单构面尺度检验。单构面尺度检验的目的就是检测所使用量表的测量题项是否具有高质量的单构面特征，即每一个测量题项必须显著地与相对应的要素（潜变量）相关联，且该题项只能与唯一的要素相关联。其基本思想是：将相关性较高即联系比较紧密的变量分在同一类中，而不同类的变量之间的相关性则较低，那么每一类的变量实际上就代表一个本质因子，或者一个基本结构。探索性因子分析就是寻找这种类型的结构。

探索性因子分析将获得每个测量题项与因子之间（指标与要素之间）的因子载荷（Factor Loading），因子载荷越高，表明测量题项与因子之间的关联性越强。本研究采用探索性因子分析方法来检验量表的聚合效度，如果每个题项在其所在的公共因子上有较高的负荷，而且在其他公共因子上的负荷较低时，就可以说明此量表具有聚合效度和区分效度。

第三步，验证性因子分析。

探索性因子分析是在事先不知道影响因素的基础上，完全依据资料数据，利用统计软件以一定的原则进行因子分析，最后得出因子的过程。而验证性因子分析充分利用了先验信息，在已知因子的情况下检验所搜集的数据资料是否按事先预定的结构方式产生作用。因此探索性因子分析主要是为了找出影响观测变量的因子个数，以及各个因子和各个观测变量之间的相关程度；而进行验证性因子分析的主要目的是决定事前定义因子的模型拟合实际数据的能力。进行探索性因子分析之前，不必知道要用几个因子，各个因子和观测变量之间的联系如何；而进行验证性因子分析要求事先假设因子结构，我们要做的是检验它是否与观测数据一致（王松涛，2006）[177]。实际上，验证性因子分析与探索性因子分析是研究过程的两个阶段，不能断然分开，只有两者结合运用，才能相得益彰，使研究更有深度。相对而言，验证性因子分析比探索性因子分析处理要困难得多，验证性因子分析比探索性因子分析要求更大容量的样本，主要是因为验证性因子分析要处理推论统计量，精确的样本量要随着观测值和模型的因子数变化而变化。和探索性因子分析一样，模型中每个因子至少需要三个变量；与探索性因子分析不同的是，研究者必须选择与每个因子在很大程度上匹配的变量，而不是可能是潜在变量的“随机样本”。一般来说这两种因子分析方法通常被同时使用，相互补充。

本研究中因子提取方法为主成分分析法（Principal Component Analysis），并采用特征根（Eigenvalues）大于 1 的因子分析标准。旋转方法为方差极大旋转法（Varimax Rotation），因子负荷截取点位 0.5，即对于任意一个因子上负荷都低于 0.5 或在多个因子上负荷都大于 0.5 的题项进行删除。运行软件为 SPSS16.0。

本研究样本数量为 289，测量题项为 25 个。

（一）总体效度分析

利用 SPSS16.0 运行整体样本数据，得到 KMO 和 Bartlett 球形检验结果如表 7.3 所示。Bartlett 值 =3379.204，自由度 df =300，检验的显著性概率 p = 0.000，表明相关矩阵不是一个单位矩阵，适合进行因子分析。本研究 KMO 指数为 0.822，属于良好等级，表明可以对样本数据进行因子分析。

表 7.3　总量表的 KMO 和 Bartlett 球形检验

Kaiser-Meyer-Olkin measure of sampling adequacy.		**0.822**
Bartlett's Test of Sphericity	Approx. Chi-Square	3379.204
	df	300
	Sig.	0.000

因子分析结果如表 7.4 所示。从表 7.4 可以看出，特征根大于 1 的公共因子有 5 个，累计解释变异量为 60.894%。

表 7.4 总量表抽取因子累计解释量

Component	Initial Eigenvalues		
	Total	% of Variance	Cumulative %
1	5.918	23.672	23.672
2	3.831	15.324	38.996
3	2.126	8.505	47.501
4	1.825	7.299	54.800
5	1.524	6.095	60.894

提取方法：主成分分析法。

外生潜变量的因素与信度分析如表 7.5 所示，内生潜变量的因素与信度分析如表 7.6 所示。

表 7.5 外生潜变量的因素与信度分析

变量	因素	对应符号	题目	因素负荷量		
				因素一	因素二	因素三
消费环境	制度	ENVI1	您认为现有的国家法律、制度可以满足工程保险实践发展的需求（投保细则和保费来源等；谁投保？投保范围？险种划分？）	0.022	0.761	-0.185
		ENVI2	您认为现有概预算管理办法支持和保证了贵公司购买工程保险的行为	-0.073	0.823	0.145
	市场	ENVI3	保险市场信息是完全对称的	0.043	0.809	0.064
		ENVI4	目前工程保险市场的竞争是规范、有序、透明的，现在可以很方便买到想要的工程保险产品，不用花费太多的精力	-0.067	0.508	0.234
	技术	ENVI5	目前保险公司、保险中介、行业协会的风险管理技术使您感到满意	0.061	0.583	0.005
		ENVI6	您可以在市场上现有的保险中介/代理机构（公估、经纪公司）中得到优质的保险中介服务和保险知识	-0.014	0.561	0.175

续表

变量	因素	对应符号	题目	因素负荷量		
				因素一	因素二	因素三
感知价值	质量	VALU1	目前的市场上可以容易买到与工程风险状况匹配、为工程量身定做的产品	0. 588	0. 058	0. 072
		VALU2	拟购买的工程保险合同条款清楚明确、通俗易懂	0. 760	-0. 018	-0. 081
	服务	VALU3	在购买保险产品前可获得满意的信息咨询服务	0. 842	0. 032	0. 049
		VALU4	在保险合同存续期内，可获得满意的培训、风险管理及其他咨询服务	0. 714	-0. 034	0. 137
	期望	VALU5	项目风险越大，保险给您带来的物质和精神保障越强	0. 852	-0. 098	0. 031
		VALU6	工程保险可以提高工程建设的风险管理水平	0. 805	0. 008	-0. 025
	成本	VALU7	目前工程保险的费率是合理的，您完全接受	0. 809	0. 034	0. 033
		VALU8	如果参加工程保险，不会增加您或贵公司很多额外的工作	0. 839	-0. 021	0. 033
保险意识	保险认知	CONS1	您认为工程项目必须有适当的风险保障安排手段	0. 002	0. 130	0. 856
		CONS2	您认为保险是集合多数人的财力，帮助遭受损失的个体	0. 005	0. 134	0. 837
	保险态度	CONS3	您对保险的态度是正面的、积极的	-0. 008	0. 335	0. 749
		CONS4	您对目前保险行业的态度是正面的、积极的	0. 157	-0. 098	0. 519
特征值				4. 937	3. 447	1. 974
解释变异量				27. 428%	19. 149%	10. 966%
累计解释变异量				27. 428%	46. 578%	57. 543%
Cronbach α				0. 769	0. 907	0. 763
KMO				0. 829		

表 7.6 内生潜变量的因素与信度分析

变量	因素	对应符号	题目	因素负荷量	
				因素一	因素二
消费意向	倾向	INTE1	您愿意通过保险转嫁您的工程建设风险	0.871	-0.002
	欲望	INTE2	尽管缺乏有效的资金来源保证，您仍然愿意购买工程保险	0.914	0.073
		INTE3	尽管现有的工程保险产品和服务与您的期望尚有差距，但您仍愿意购买	0.860	0.101
消费行为	购买行为	BEHA1	您愿意购买通用性较强的产品，并不需要针对您项目设计的个性化产品	0.146	0.682
		BEHA2	您购买工程保险时，价格而非服务是您优先的考虑因素	0.012	0.725
		BEHA3	您更愿意通过保险中介购买保险产品，而不是直接在保险公司购买	-0.025	0.747
		BEHA4	您更愿意在中小型保险公司而非大型公司购买工程保险产品	0.068	0.821
特征值				2.603	1.995
解释变异量				37.187%	28.506%
累计解释变异量				37.187%	65.693%
Cronbach α				0.860	0.735
KMO				0.721	

利用SPSS16.0运行总体样本数据，得到总体样本数据旋转后主成分矩阵如表7.7所示。

表 7.7 总体样本数据旋转后主成分矩阵

	公共因子				
	1	2	3	4	5
ENVI1	0.070	**0.759**	-0.172	0.012	-0.189
ENVI2	-0.063	**0.812**	0.145	0.118	-0.051
ENVI3	0.050	**0.790**	0.052	0.195	-0.073
ENVI4	-0.093	**0.506**	0.232	0.025	0.105
ENVI5	0.034	**0.597**	0.019	-0.061	0.146
ENVI6	-0.036	**0.562**	0.169	0.049	0.079
VALU1	**0.609**	0.045	0.069	0.077	-0.007

续表

	公共因子				
	1	2	3	4	5
VALU2	**0.699**	-0.032	-0.115	0.137	0.260
VALU3	**0.858**	0.021	0.030	0.113	0.009
VALU4	**0.704**	-0.036	0.122	0.029	0.146
VALU5	**0.808**	-0.102	0.015	0.029	0.237
VALU6	**0.790**	0.009	-0.035	0.015	0.143
VALU7	**0.798**	0.035	0.025	-0.001	0.163
VALU8	**0.816**	-0.027	0.019	0.054	0.163
CONS1	0.001	0.120	**0.850**	0.109	0.068
CONS2	0.027	0.131	**0.849**	0.013	-0.001
CONS3	-0.006	0.324	**0.755**	0.099	0.038
CONS4	0.156	-0.122	**0.458**	0.285	-0.017
INTE1	0.136	0.074	0.114	**0.839**	-0.048
INTE2	0.118	0.140	0.040	**0.897**	0.051
INTE3	0.034	0.092	0.204	**0.836**	0.131
BEHA1	0.298	0.120	0.042	0.112	**0.579**
BEHA2	0.061	-0.069	0.076	0.022	**0.802**
BEHA3	0.218	0.098	-0.039	-0.033	**0.685**
BEHA4	0.420	-0.058	0.031	0.048	**0.681**

提取方法：主成分分析法。
旋转法：具有 Kaiser 标准化的正交旋转法。
旋转在 6 次迭代后收敛。

如表 7.7 所示，整体因子分析效果良好。虽然有学者建议在因子分析中因子载荷临界值为 0.5，但正如前文所言，考虑到样本容量因素本研究将保留 0.45 以上题项。每个题项在所属的公共因子上面的因子载荷系数较高，而在其他公共因子上的载荷系数相对较低，显示整个量表具有较好的聚合效度和区分效度。

本研究量表题项总数为 25 个，分别从属于 5 个公共因子，题项数与样本容量基本接近 1∶5。

（二）影响因素维度变量分量表效度分析

本研究对影响因素维度变量分量表进行 KMO 和 Bartlett 球形检验，SPSS16.0 软件运行结果如表 7.8 所示。

表 7.8　影响因素维度变量分量表的 KMO 和 Bartlett 球形检验

Kaiser-Meyer-Olkin measure of sampling adequacy.		**0.829**
Bartlett's Test of Sphericity	Approx. Chi-Square	2372.758
	df	153
	Sig.	0.000

从表 7.8 可以看出，Bartlett 值 =2372.758，自由度 df =153，检验的显著性概率 p =0.000，表明相关矩阵不是一个单位矩阵，适合进行因子分析。本研究 KMO 指数为 0.829，属于良好等级，适合继续进行探索性因子分析。

因子分析结果如表 7.9 所示，从表 7.9 可以看出，影响因素维度变量的探索性因子分析可以抽取 3 个特征根大于 1 的公共因子，累计解释了 57.543% 的方差。

表 7.9　影响因素维度变量分量表抽取因子累计解释量

Component	**InitialEigenvalues**		
	Total	**% of Variance**	**Cumulative %**
1	4.937	27.428	27.428
2	3.447	19.149	46.578
3	1.974	10.966	57.543

提取方法：主成分分析法。

利用 SPSS16.0 运行影响因素样本数据，得到影响因素样本数据旋转后主成分矩阵如表 7.10 所示。

表 7.10　影响因素维度变量分量表旋转后主成分矩阵

题项	因子 1	因子 2	因子 3
ENVI1	0.022	**0.761**	-0.185
ENVI2	-0.073	**0.823**	0.145
ENVI3	0.043	**0.809**	0.064
ENVI4	-0.067	**0.508**	0.234
ENVI5	0.061	**0.583**	0.005
ENVI6	-0.014	**0.561**	0.175
VALU1	**0.588**	0.058	0.072
VALU2	**0.760**	-0.018	-0.081
VALU3	**0.842**	0.032	0.049
VALU4	**0.714**	-0.034	0.137
VALU5	**0.852**	-0.098	0.031
VALU6	**0.805**	0.008	-0.025
VALU7	**0.809**	0.034	0.033

续表

题项	因子 1	因子 2	因子 3
VALU8	**0.839**	-0.021	0.033
CONS1	0.002	0.130	**0.856**
CONS2	0.005	0.134	**0.837**
CONS3	-0.008	0.335	**0.749**
CONS4	0.157	-0.098	**0.519**

提取方法：主成分分析法。
旋转法：具有 Kaiser 标准化的正交旋转法。
旋转在 5 次迭代后收敛。

从表 7.10 可以看出，各个题项在公共因子上的载荷系数较高，只有 5 个因子载荷系数处于 0.5 到 0.6 之间，其他的因子载荷系数都大于 0.7，远远高于本研究 0.5 的临界点，超过总样本进行效度检验时对应的因子载荷系数。每个题项都仅从属于一个公共因子，而在其他公共因子上的载荷系数很低，因此本研究认为影响因素维度变量分量表具有较好的区分效度和构建效度，该部分问卷具有一定的效度，可以进行下一步分析。同理，对消费意向与消费行为进行分析，得到同样的结果（见表 7.11、表 7.12、表 7.13、表 7.14、表 7.15 和表 7.16），结果表明样本数据良好，可以进行下一步分析。

表 7.11　消费意向维度变量分量表的 KMO 和 Bartlett 球形检验

Kaiser-Meyer-Olkin measure of sampling adequacy		0.714
Bartlett's Test of Sphericity	Approx. Chi-Square	414.288
	df	3
	Sig.	0.000

表 7.12　消费意向维度变量分量表抽取因子累计解释量

Component	InitialEigenvalues		
	Total	% of Variance	Cumulative %
1	2.350	78.317	78.317

提取方法：主成分分析法。

表 7.13　消费意向维度变量分量表主成分矩阵

题项	因子 1
INTE1	**0.868**
INTE2	**0.916**
INTE4	**0.870**

提取方法：主成分分析法。
已提取了 1 个成分。

表 7.14 消费行为维度变量分量表的 KMO 和 Bartlett 球形检验

Kaiser-Meyer-Olkin measure of sampling adequacy		0.744
Bartlett's Test of Sphericity	Approx. Chi-Square	238.006
	df	6
	Sig.	0.000

表 7.15 消费行为维度变量分量表抽取因子累计解释量

Component	InitialEigenvalues		
	Total	% of Variance	Cumulative %
1	2.232	55.807	55.807

提取方法：主成分分析法。

表 7.16 消费行为维度变量分量表主成分矩阵

题项	因子 1
BEHA1	**0.696**
BEHA2	**0.719**
BEHA3	**0.741**
BEHA4	**0.826**

提取方法：主成分分析法。

已提取了 1 个成分。

四、效度检验：验证性因子分析

本研究在前文探索性因子分析的基础上，进一步使用 LISREL 8.70 统计分析软件来对本研究的测量模型进行验证性因子分析，以证明测量模型理论基础的合理性并根据相关结果做出相应的修正。使用极大似然估计（Maximum Likelihood Estimation，MLE）程序，对整个模型的 5 个变量进行确认性因子分析。本研究采用 χ^2/df、拟合优度指标（GFI）、规范拟合指数（NFI）、比较拟合指数（CFI）、增量拟合指标（IFI）、残差均方根（RMR）和近似误差均方根（RMSEA）7 个指标来衡量模型的拟合程度，这一内容在第 6 章中已有相关论述。

运用 LISREL8.70 软件对全模型进行验证性因子分析，结果如表 7.17 和图 7.1 所示。

表7.17　全模型变量验证性因子分析拟合指标

拟合指标	χ2/df	GFI	AGFI	NFI	IFI	CFI	RMR	RMSEA	P
建议值	<5	>0.9	>0.9	>0.9	>0.9	>0.9	<0.05	<0.08	>0.05
指标值	2.32	0.86	0.88	0.90	0.93	0.93	0.041	0.068	0.058

从表7.17中验证性因子分析结果可以看出，卡方统计量 χ^2/df 为2.32，小于5；GFI、AGFI、NFI、IFI和CFI的值分别为0.86、0.88、0.90、0.93和0.93，十分接近或大于0.90的建议值，考虑到问卷数据收集较少，可以接受。绝大多数学者认为建议值为最优标准，一般认为此项值越大越好，当大于0.9时表示模型拟合较好，但接近建议值时表示拟合尚可（Gerbing D. W.，1992；易丹辉，2008）[175][178]，可根据实际情况具体分析。考虑到问卷收集的实际情况，建议可以接受（邱皓政、林碧芳，2009）[179]。RMR和RMSEA的值分别为0.041和0.068，分别小于建议值0.05和0.08，同时P=0.058，大于0.05的临界值。

从图7.1可以看出，除CONS4的因子载荷为0.34，ENVI4的因子载荷为0.44，ENVI5的因子载荷为0.46，ENVI6的因子载荷为0.48，均小于0.5，其余因子载荷均大于0.5。如前文所言，考虑到样本容量因素本研究将保留0.45以上题项，因ENVI4、ENVI5、ENVI6的因子载荷比较接近或大于0.45，予以保留，因此只将CONS4删除。

CONS4删除后，对全模型修正后进行验证性因子的分析，运用LISREL8.70软件进行验证性因子分析，结果如表7.18和图7.2所示。

表7.18　修正后全模型变量验证性因子分析拟合指标

拟合指标	χ2/df	GFI	AGFI	NFI	IFI	CFI	RMR	RMSEA	P
建议值	<5	>0.9	>0.9	>0.9	>0.9	>0.9	<0.05	<0.08	>0.05
指标值	2.43	0.86	0.88	0.90	0.93	0.93	0.040	0.071	0.059

与探索性因子分析结果一致，各个题项在潜变量上的因子载荷除ENVI4、ENVI5和ENVI6为0.44、0.46和0.48外，其余都大于0.5，如前文所述，予以保留。

因此，本研究认为各项指标都达到了所要求的标准，表明全模型变量的模型与实际样本数据没有明显的差异，说明该部分测量模型是合理的。

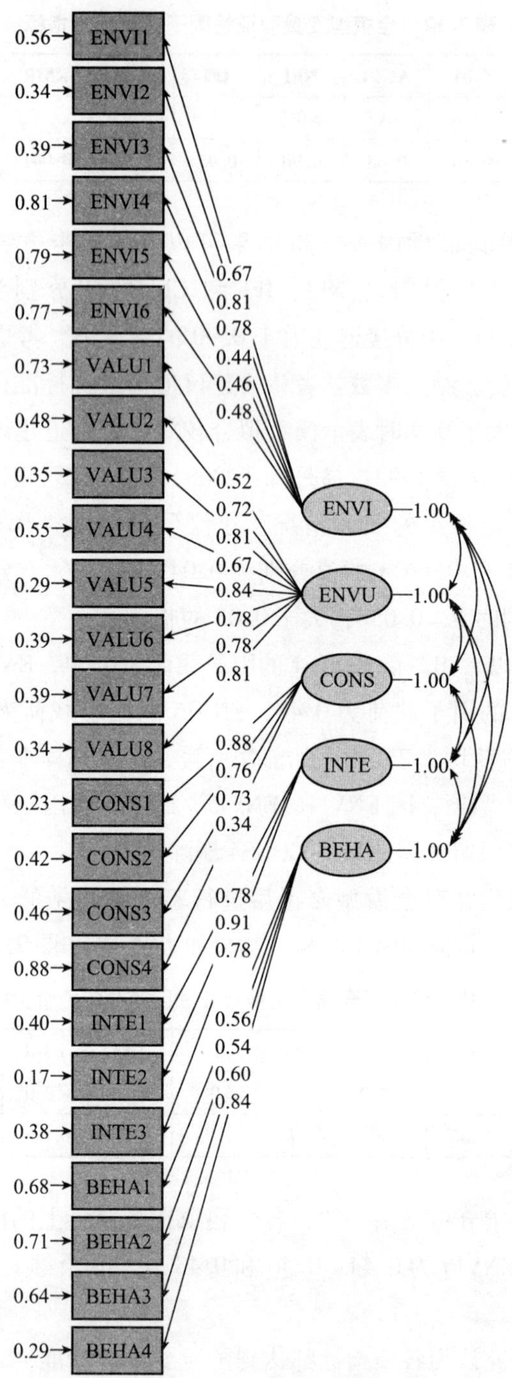

图 7.1　全模型变量验证性因子分析因子载荷

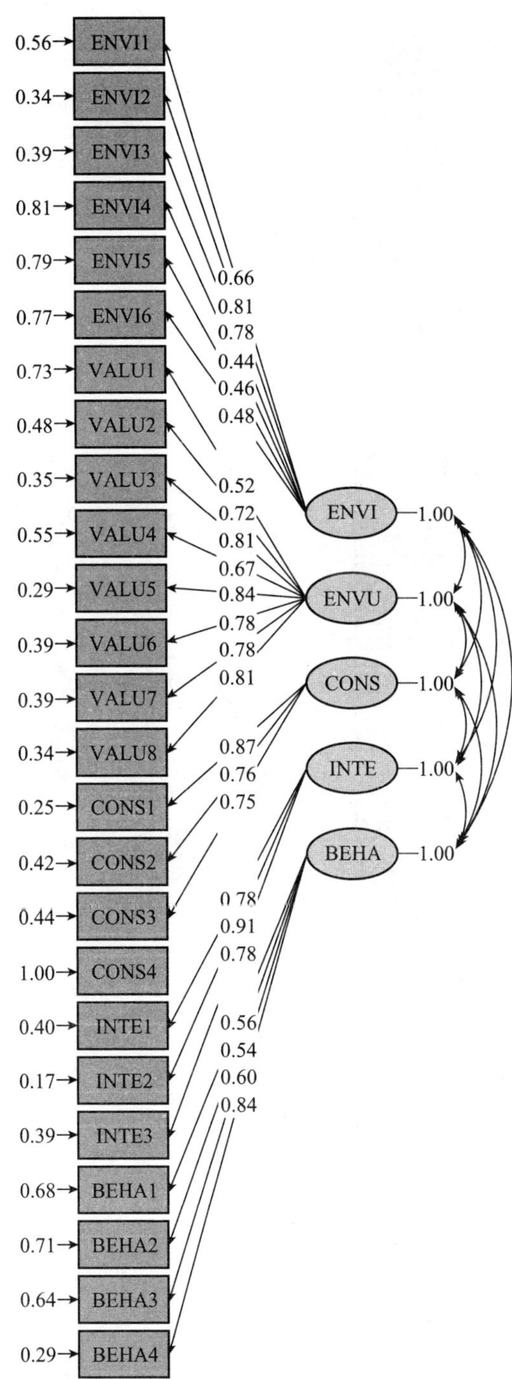

图 7.2　修正后全模型变量验证性因子分析因子载荷

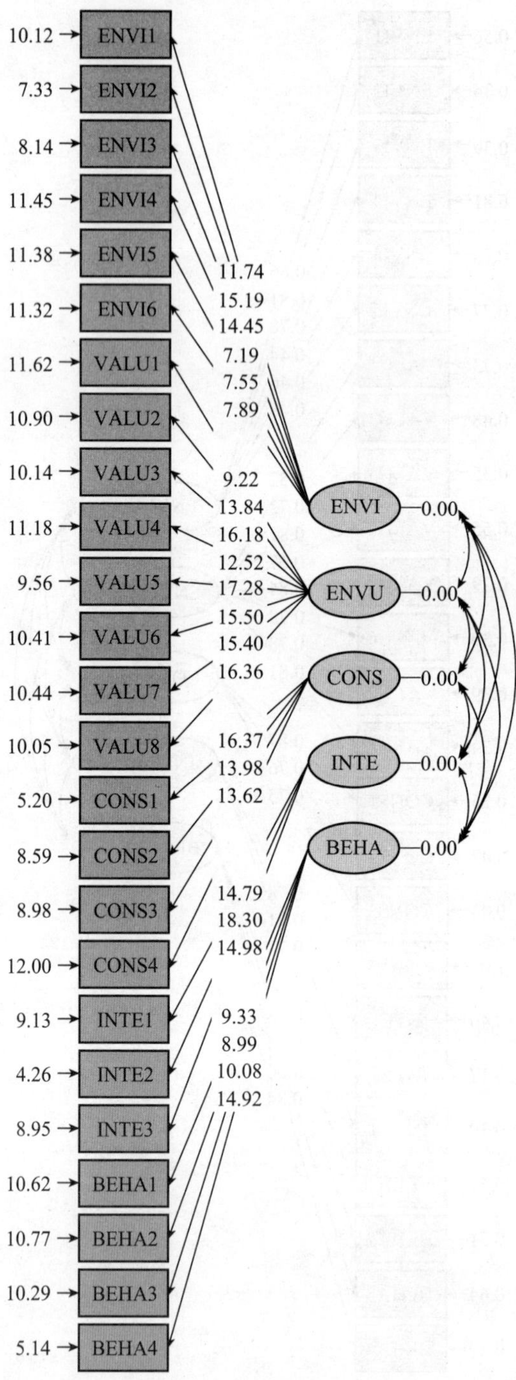

图 7.3　修正后全模型变量验证性因子分析——t 检验值

检验后发现，t 值均大于 1.96，通过 T 检验。

五、全模型假设检验

本章前四部分通过对数据样本的信度和效度检验，各项拟合指标显示量表和样本数据具有较高的信度和效度，可以进行结构方程模型分析。采用的分析方法依然是 LISREL8.70 软件，运行结果如表 7.19 和图 7.4 所示。

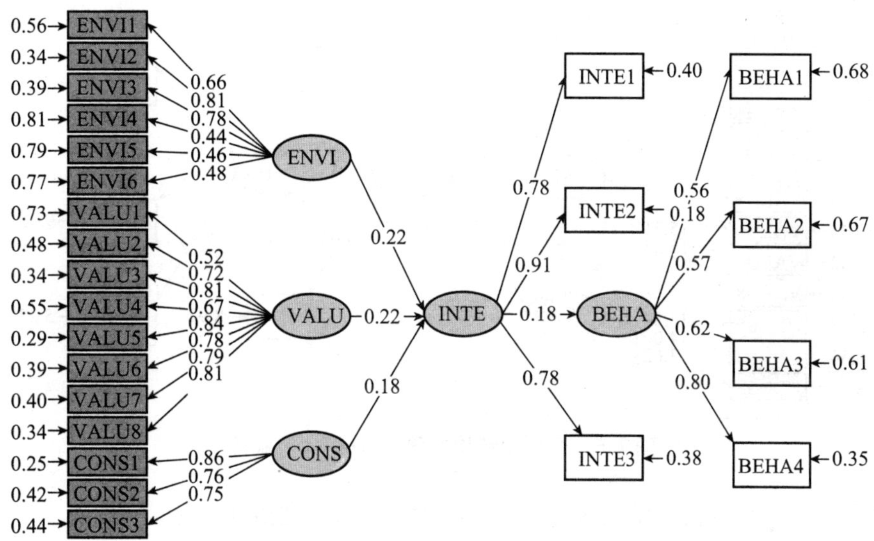

图 7.4　全模型的路径系数图——标准化参数

表 7.19　全模型的拟合指标

拟合指标	χ2/df	GFI	AGFI	NFI	IFI	CFI	RMR	RMSEA	P
建议值	<5	>0.9	>0.9	>0.9	>0.9	>0.9	<0.05	<0.08	>0.05
指标值	2.63	0.86	0.87	0.90	0.92	0.92	0.039	0.075	0.06100

表 7.19 列示了全模型的拟合程度指标，χ^2/df 为 2.63，小于建议值 5，因此这一指标符合统计要求；GFI、AGFI、NFI、IFI 和 CFI 分别为 0.86、0.87、0.90、0.92 和 0.92，处于 0.86 与 0.92 之间，显示该模型具有很好的拟合程度；如前文所述，绝大多数学者认为建议值为最优标准，一般认为此项值越大越好，当大于 0.9 时表示模型拟合较好，但接近建议值时表示拟合尚可（Gerbing D. W.，1992；易丹辉，2008）[175][178]，可根据实际情况具体分析（邱皓政、林碧芳，2009）[179]；RMR 和 RMSEA 分别为 0.039

和0.075，分别小于0.05和0.08的建议值，说明这两项指标也达到统计要求；同时P=0.06100，也大于0.05的建议值。总的来说，本研究认为原模型的各项指标均可认为达到建议值，总体模型拟合程度良好。

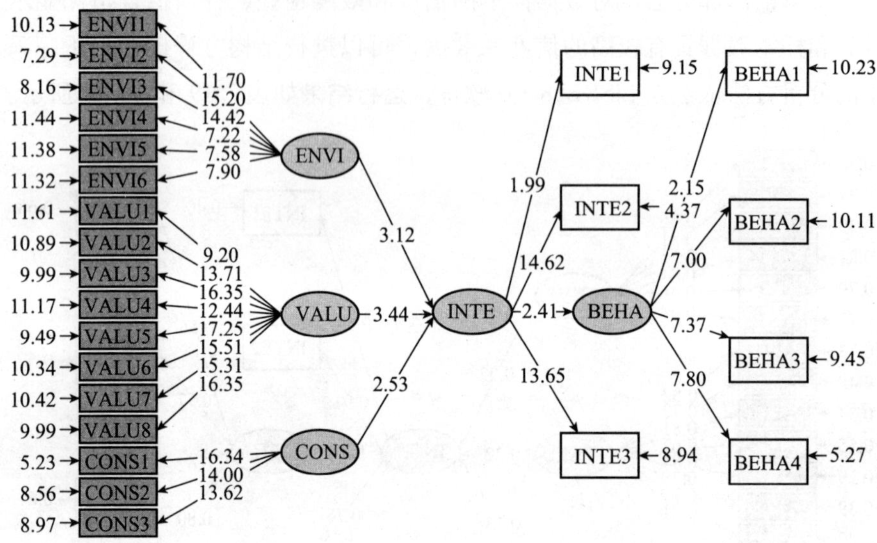

图7.5 全模型结构方程分析——t检验值

检验后发现，t值均大于1.96，t检验显著，通过T检验。

因此本研究最后确定工程保险消费行为模型为本研究的最终模型，其路径关系系数如图7.6所示。

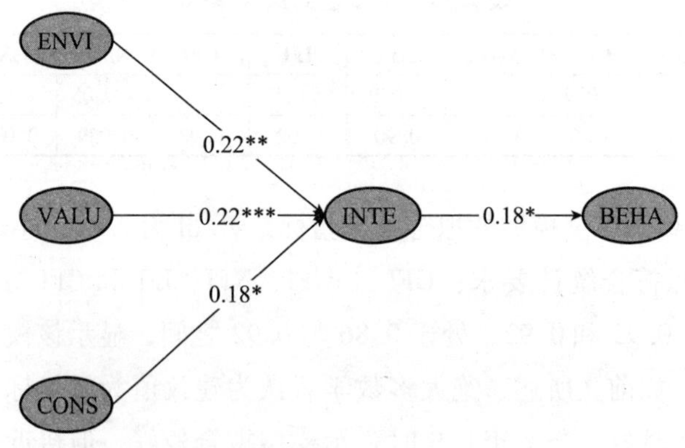

图7.6 全模型路径系数图——标准化参数

注：*P<0.05；**P<0.01；***P<0.001。

本研究依据最终模型路径系数以及对应的 t 值来进行假设检验分析，见表 7.20。

表 7.20　研究假设的检验

研究假设	标准化参数估计值	T 值	验证结果
H_1：消费环境与消费意向之间有较强的正相关关系	0.22	3.12**	支持
H_2：感知价值与消费意向之间有较强的正相关关系	0.22	3.44***	支持
H_3：保险意识与消费意向之间有较强的正相关关系	0.18	2.53*	支持
H_4：消费意向与消费行为之间有较强的正相关关系	0.18	2.41*	支持

注：* $P<0.05$；** $P<0.01$；*** $P<0.001$。

H_1 的假设检验。结果显示，“消费环境”在“消费意向”上的路径系数为 0.22，说明“消费环境”与“消费意向”之间存在显著的正相关关系。因此支持本研究 H_1。

H_2 的假设检验。结果显示，“感知价值”在“消费意向”上的路径系数为 0.22，说明“感知价值”与“消费意向”之间存在显著的正相关关系。因此支持本研究 H_2。

H_3 的假设检验。结果显示，“保险意识”在“消费意向”上的路径系数为 0.18，说明“保险意识”与“消费意向”之间存在显著的正相关关系。因此支持本研究 H_3。

H_4 的假设检验。结果显示，“消费意向”在“消费行为”上的路径系数分别为 0.18，说明“消费意向”与“消费行为”之间存在显著的正相关关系。因此支持本研究 H_4。

消费环境与感知价值影响消费意向的路径系数均为 0.22，因此可以说明消费环境和感知价值对消费者消费工程保险产品决策的影响是同等重要的。若要提高消费者购买工程保险的消费意向，保险经营企业应努力提高工程保险产品的感知价值，同时，国家相关部门应与建筑行业、保险行业一道尽力营造良好的制度环境、市场环境和技术环境。

保险意识影响消费意向的路径系数为 0.18，虽然在影响工程保险消费者意向方面略弱于消费环境和感知价值，但仍不可忽视，培育和提高工程保险消费者的保险意识也是非常必要的。

六、本章小结

本章是实体章。首先，利用 SPSS16.0 对样本数据进行了信度检验，评价指标采用了 Cronbach α 系数。其次，本章还采用了探索性因子分析和验证性验证分析相结合的分析方法，分别从总体效度、影响因素维度效度、消费意向维度效度、消费行为维度效度进行检验。最后，利用结构方程统计软件 LISREL8. 70 对全模型进行数据分析、假设检验。本研究所有假设检验情况如表 7. 20 所示。从表 7. 20 可以看出，本研究假设都获得了实证支持。

第 8 章

CHAPTER 8

结论与展望

一、主要研究结论及管理启示

（一）主要研究结论

本研究在总结现有保险消费行为研究成果和发达国家工程保险成功经验的基础上，结合中国工程保险需求与消费的发展现状和特点，从消费者行为学的视角，对影响中国工程保险消费行为的因素加以系统研究。

本研究建立的结构方程模型实证结果显示，文中提出的四个研究假设都通过了显著性检验，即“感知价值”与“消费意向”之间存在显著的正相关关系；“消费环境”与“消费意向”之间存在显著的正相关关系；“保险意识”与“消费意向”之间存在显著的正相关关系；“消费意向”与“消费行为”之间存在显著的正相关关系。这一结果进一步证明了工程保险的感知价值、消费环境和保险意识对消费者消费意向与消费行为都有着十分重要的影响。

主要结论如下：

(1) 通过结构方程模型分析的结果可知，感知价值是影响中国工程保险消费者消费行为的最主要因素之一。消费者对工程保险产品的质量、服务的体验和感知较低，工程保险带来的效用与人们的期望差距较大，对产品不满意，制约了人们的消费积极性。主要包括：

①保险产品质量不佳。保险企业和保险中介提供的产品不符合消费者的需求，保单设计以及承保责任千篇一律，不能针对不同工程结构等级、不同地域、不同承包商设计具有个性和针对性的保险条款。目前中国工程保险的条款是格式化的条款，即使有选择，消费者也只能在购买时，在已制定的格式化的附加条款中进行筛选，选择自由度较差。即使在有限的选择中，大多消费者对条款的内容和赔付责任范围也是知之甚少，不甚了解。

②保险服务贫乏。工程保险产品特有的特点，决定了风险服务的重要性。中国的工程保险是从国外引进，一般只引进了条款，引进的管理技术

较少，服务的知识和技术含量低。风险管理的手段落后，在“预防风险”方面做得不够，重承保、轻防灾，无法提供有效的、过程化的工程风险管理服务。

③相对于现有的产品和服务水平，消费成本较高。中国目前缺乏高层次的工程保险精算技术人员，工程保险的保费主要是参考国外。然而国外的工程技术风险水平、承包商技术能力、工程结构以及工程地质等均与中国不完全相同，因此如何针对中国的建设工程风险状况，合理厘定保费，是目前的当务之急。根据国际工程保险人协会（IMIA）的统计资料表明，全球 2009 年工程保险的平均赔付率为 45%。而中国工程保险近十年的赔付率基本都维持在约 35%，与全球平均值相比偏低，与发达国家相比差距更大。赔付率低下一方面说明中国工程保险保费厘定不合理；另一方面说明中国的保险企业经营水平尚有很大的改善空间。保险公司不从改善自身的经营管理上着手，提高经营效率，而是在理赔时推卸责任，或拖延赔付时间，相对于消费者付出的成本而言，服务水平较低，有碍于工程保险市场的健康发展。

④工程保险的实际感受与人们的预期差距较大。由于目前的保险中介人员技术水平普遍不高，加上中国目前的保险代理营销机制不完善，导致承保和理赔脱节。在销售产品时，销售人员对工程技术和工程保险知识了解十分有限，为了完成销售目标和销售业绩，盲目向消费者承诺，扩大保险责任赔付范围。而在出事之后，理赔人员才发现承保时向消费者承诺的责任无法兑现，于是产生纠纷，保险公司内部承保、理赔部门与保险中介相互扯皮，导致消费者对保险产品产生质疑，对保险公司产生不信任感。

此外，很多工程事故技术性强，保险公司为了甄别保险责任，常常与消费者进行旷日持久的“斗争”，贻误了工程修复的最佳时机，降低了消费者对保险产品的期望，影响了消费者对保险产品的信任。

（2）通过结构方程模型分析的结果可知，消费环境与感知价值同样重要，也是影响中国工程保险消费者消费行为的最主要因素之一。主要包括：

①制度因素。制度缺位，立法欠缺，体现在没有对风险分担做出明确规定；投保方式不明确且不具有强制力；保险费用来源不明确。

②市场因素。建筑市场和保险市场恶性竞争现象严重；中国保险企业

的承保能力有限；保险监管不到位；社会诚信水平低下；信息不对称严重等。

③技术因素。缺乏既懂工程又懂保险的复合型人才；保险中介技术水平参差不齐；工程事故信息系统尚未建立；风险管理技术水平低下等。

（3）通过结构方程模型分析的结果可知，保险意识对中国工程保险消费者的消费行为也产生了较大的影响。中国工程保险消费者的保险意识较低，主要表现在：风险意识淡薄；对保险的认识不足；对保险公司缺乏信任；保险业在人们心目中的地位和形象较差。

（二）管理启示

根据前文的实证分析结果，同时考虑到中国的实际国情以及存在的问题，可从以下几个方面采取措施，以改善工程保险有效供给，扩大消费市场规模，完善工程保险制度。

1. 改善工程保险的消费环境

原有的政府行政手段干预管理模式应向“市场调节工程质量”的模式转变，逐渐淡化政府的行政行为。建设行政主管部门对于工程质量和风险的管理方式的创新和职能的转变，需要通过工程保险制度的介入，使中国工程建设市场逐步建立主体独立、相互制衡、规范有序的市场机制，从而促进相关行业的健康发展。

（1）解决工程保险费用来源。

中国虽然没有一部工程预算法，但在各地的行业法规中都有对预算定额管理的严格规定。这一计划经济的残留物对于推行工程保险是一个很实际的障碍。工程建设项目成本计算相当复杂，如果没有统一的建设成本预算项目体系，就会造成建设成本的计算缺乏透明性和可比性。由国家制定统一的建设成本预算项目编码体系是有必要的，但单个项目的价格应由市场而不是政府来制定，这是市场经济环境的必然要求。在目前定额制度尚未废除的条件下，应由建设部发文，要求将工程保险的保费作为特定的预算项目统一加入各地的预算定额。

（2）改善中国工程保险的管理体制和运行环境。

①推动行业组织建设。目前，虽然中国有建筑业行业协会和保险业行业协会，但在工程保险方面还处于空白状态。而且由于法律、政策、社会

环境等原因，这些协会暂不能发挥有效的作用。可以考虑成立中国工程保险协会或者专门的工作委员会，吸收财产保险公司、保险经纪公司、保险公估公司、建筑工程公司和专家学者加入工程保险协会，协会负责国内工程保险技术交流、条款开发设计、人员培训和国际交流合作等事宜，推动国内工程保险理论研究和实务发展。经验表明，市场经济发达国家的行业组织对于市场的健康发展起到了重要的作用，并通过形成行业自律机制而分担了不少政府职能，所以政府对于行业组织的发展也是积极促进和配合的。对此，中国在发展工程保险业时应加以借鉴。此外，国外的行业组织多是在条件成熟的环境下自发逐渐形成的，而中国的工程保险行业尚处于起步阶段，自发形成行业组织的条件还不成熟，中国工程保险行业组织的建设更有赖于政府的大力扶持和推动。

对中国工程保险业的行业组织的职能设想是：

A. 代表行业利益对立法机构、政府、法院、其他相关行业组织及社会公众进行宣传教育、游说，使工程保险行业得到更多的社会支持、理解和良好的发展环境，并为会员单位提供一个交流行业信息和讨论行业发展和共同利益的平台。

B. 收集、编写和研究各公司的统计数据，定期公布行业经营业绩的统计资料，分析行业的平均运营成本，实现内部的信息交流和共享，为行业研究制定参考性的手册、规范和标准文本等。为企业提供风险管理技术培训，为会员提供培训和讲座，组织资格考试。

C. 增强相关协会之间，不同地区、不同国家行业协会之间的联系，进行风险管理、信息和技术的交流。

D. 为有关机构的风险识别和估算、风险对策的选择、费率和理赔标准的确定等风险业务的开展提供信息和咨询服务。

②建立符合市场经济要求的运行机制。就保险的安排方式而言，主要有直接投保、经纪人投保和代理人安排保险三种方式。中国现有工程保险以直接投保为主，不少业主已开始尝试采取招标投保的方式，取得了较好的经济效益。国家要大力培育保险中介，促进保险经纪人在承保和理赔中发挥更加有效的作用。

③研究制定合理的工程保险收费标准。由于中国的建筑市场还不规范，加上长期受计划经济的影响，中国的建筑业一直属于微利行业，企业

资金积累十分有限。同时，受经济发展水平的制约，建设单位的资金也比较紧张。因此，应研究制定合理的工程保险收费标准，政府对工程保险的收费标准应当加以宏观调控与指导，不能完全照搬照抄国外的做法。具体的收费标准，可以由建设行政主管部门会同有关部门，根据工程的类型、风险的大小、业主及承包商的信誉、实力等测定调控幅度，由当事人在合同中约定。

（3）建立工程保险制度的配套措施。

①银行对工程项目的贷款条件应该包含工程保险投保的要求。政策性贷款因其属于国家财政性资金，更有必要将投保工程险作为批准贷款的条件之一。比如 2002 年，国家开发银行颁布了《贷款项目工程保险管理暂行规定》和《贷款项目工程监理管理暂行规定》，以提高贷款项目的工程建设质量。根据上述文件规定，借款人或工程承包方、原材料（设备）制作方、运输方和供货方原则上应根据风险情况投保相应险种。在其他方面，银行也应该加强对贷款方面的保险管理，将保险列入评审范围，出台包含保险条款的标书、合同示范文本。银行可以通过保险方式转嫁风险，如果条件适合，还应该投保延迟完工保险。

②培育中国的工程保险中介机构，特别是工程保险经纪人和公估人。大力培育和发展中国工程保险领域的代理人、经纪人、公估人等中介咨询机构，充分发挥中介机构的专业优势，促进整个工程保险市场的规范运作，是推动工程保险工作开展的一项重要基础条件。

③加强综合性人才的培养。中国目前既懂土木工程专业知识，又懂法律、保险、管理知识的复合型人才十分缺乏。这种状况极不适应市场经济的需要，也是造成工程保险难以推广的原因之一。我们必须注重建立培养懂保险、懂法律、懂工程技术、懂项目管理的综合型人才队伍，只有这样，才能真正保证为工程建设提供高水平、全方位的保险服务。建议通过参加建设部培训，与高校密切合作，培养工程保险所需的复合型人才。

④针对工程保险标的物的特殊性，面对中国工程保险尚处于襁褓期的现状，建立与现行建筑工程质量监督制度相匹配的工程保险质量纠纷仲裁、鉴定管理体系。

A. 建设工程出现质量纠纷或建设工程的质量认定存在异议时，由建设行政主管部门或质量监督机构进行协调处理。

B. 加强对行业协会的指导和管理，积极发挥行业协会的作用。建议组织成立建设工程质量专业委员会，该专业委员会可以接受社会委托，对建设工程中的工程质量组织行业专家进行咨询活动。

C. 改革建设工程质量检测机构，引导检测机构向社会化、专业化发展，成为通过建设行政主管部门资质认可和技术监督部门计量认证审查的社会服务机构，为建设工程质量鉴定或质量纠纷仲裁提供鉴定检测或仲裁检测服务。

（4）提高行业的诚信水平，建立统一协调的保险信用管理体系。

建立和完善信息披露机制，强化保险监管力度，提升员工诚信服务意识，构建保险业的诚信文化，完善相关法律制度，加大执法力度。要进一步完善《保险法》《公司法》等法律法规，充实保险诚信的具体条款，将保险人、保险中介人、投保人、被保险人等各有关方面的行为纳入相关法律法规之中。在提高保险行业诚信水平的同时，促进社会诚信水平的提高，使两者可以互相促进，相互监督。

2. 提高工程保险的感知价值

（1）设立丰富的工程保险品种，设计灵活的工程保险保单。中国已经逐步开办了建筑安装工程保险、人身意外伤害保险和雇主责任保险、部分责任保险（如设计师责任险）。需要进一步开办的相关险种有勘察设计、工程监理及其他工程咨询机构的职业责任险，工程质量的保修险等。在保险险种条款上，根据工程项目需要，开发适当的工程综合保险和延迟完工保险，满足大型项目复杂化的特殊风险需求。为此应促进国内保险条款设计机构的发展，可以在工程保险协会的指导下尽快修订1995年版工程保险条款，形成标准化的国内工程保险条款；同时国内财产保险公司在使用标准化条款的同时，应有自己公司特色的工程保险产品，形成多样化的工程保险供应体系。

（2）提高保险公司服务质量和服务水平。保险公司的专业服务要体现在承保前、承保中乃至承保后风险管理上，要真正做到对工程项目的专业化监督管理，起到减少事故发生频率和降低事故损失程度的防灾防损职能作用。要积极投入人力、财力，为承保的建设工程项目提供优质的、全面的、科学的风险技术服务，降低事故发生率。

（3）提高风险管理能力。在风险管理技术方面，可以通过参加国际工程保险界研讨交流、再保险公司培训以及与专业风险管理机构合作等方式，建立符合中国国情的风险管理技术体系，引进、消化吸收并开发定量风险评价技术，积累风险损失数据，建立PML/EML（Probable Maximum Loss/Estimated Maximum Loss）评估体系。

3. 提高人们的保险意识

当前人们对工程保险的重要性、必要性认识不足，对工程建设中的风险存在侥幸心理，或认为实行工程保险会加大工程成本而得不偿失。因此，有必要加强对工程风险以及风险管理的研究和宣传，充分利用各种媒介和方法大力宣传建设工程保险机制的重要性，提高人们的保险意识。有关部门和新闻媒体可以利用一些案例积极宣传，总结正反两方面的经验教训，凸显受灾后投保与未投保者的差别，使其对尚未投保的建筑企业产生强大的示范效应，提高承发包双方的当事人尤其是发包方即业主的风险管理意识，营造积极投保的行业氛围。

4. 改革工程保险制度的构想

中国工程保险的特点和发展现状，为中国工程保险制度的变迁指明了方向：在现阶段，应建立强制性与自愿性相结合的具有中国特色的工程保险制度，以提高建设工程风险管理水平。

强制性保险，就是按照法律的规定，工程项目当事人必须投保的险种，但投保人可以自主选择保险公司。自愿性保险，则是可根据自己的需要自愿参加的保险，其赔偿或给付的范围以及保险条件等，均由投保人与保险公司根据订立的保险合同确定。将强制保险与自愿保险结合，循序渐进地推进新险种，适时适当地增加强制保险的险种，将保险费列入工程度的建设成本，规范工程保险市场，为保险交易双方创造双赢的法律环境，都将极大地促进工程保险行业有序稳定健康的发展。

建立强制性与自愿性相结合的工程保险制度，可从以下几个方面进行：

（1）建立健全与工程保险相配套的风险保障体系。

根据中国目前的国情，应改革现有建设工程风险管理体系、安全管理和质量管理体系等与工程保险相配套的风险保障体系，为工程保险的顺利开展提供法律上、政策上的保障与支持。国家相关部门应对涉及风险管理、安全管理和质量管理的法律法规及规程进行梳理，理顺这些法律法规与工程保险制度的关系，再由建设部牵头交通部、铁道部、水利部等相关部委，制定国家层面的工程保险法律，以及与之相配套的风险管理和工程安全、质量保障体系，交由全国人大讨论，立法通过。在此基础上，各部委针对自身行业的特点，出台相关的法律法规，各地方也可以据此制定适应地方的地方性规程。

(2) 以政府强制、贷款银行把关和市场选择为原则，建立三方相互协作的协调互管机制。

应在政府投资的工程、关系社会利益和公共安全的工程、各类商品住宅工程、引进外资的工程项目以及银行贷款的工程项目实施强制工程保险制度，其余工程项目按照市场选择的机制实施自愿性保险或强制与自愿相结合的工程保险制度。

①政府强制。政府强制表现在公共工程即由政府投资的供公众使用的建筑物的建造过程中，要求建筑商必须购买建筑（安装）工程险，以保证政府投资的安全性。

②银行强制。凡须通过银行或其他金融机构来融资的工程，必须购买建筑工程险，否则银行将不为其提供任何形式的融资服务。因为对银行来说，未投保工程险的建设项目一旦发生损失或意外风险，银行的贷款安全将无法保证。

③市场强制。在一份建筑合同的投标竞争中，业主显然不愿把一项工程交给未投保的承包商来负责建造。通常，没有购买保险的承包商是无法进入建筑市场的。

(3) 强制性保险和自愿性保险主要险种建议。

①强制性保险。

A. 建筑工程一切险。这是对工程项目提供全面保障的险种。它既对施工期间的工程本身、施工机械、建筑设备所遭受的损失予以保险，也对因施工给第三者造成的人身、财产伤害承担赔偿责任（第三者责任险是建筑工程一切险的附加险）。被保险人包括业主、承包商、分包商、咨询工程师以及贷款的银行等。

B. 安装工程一切险。此险种适用于以安装工程为主体的工程项目（土建部分不足总价 20% 的，按安装工程一切险投保；超过 50% 的，按建筑工程一切险投保；在20% ~50%的，按附带安装工程险的建筑工程一切险投保），亦附第三者责任险。

建筑工程一切险和安装工程一切险，实质上都是对业主的财产进行保险，保险费均计入工程成本，最终由业主承担。

C. 雇主责任险和建筑职工意外伤害保险。雇主责任险，是雇主为其雇员办理的保险，以保障雇员在受雇期间因工作而遭受意外，导致伤亡或患有职业病后，获得医疗费用、伤亡赔偿、工伤假期工资、康复费用以及必要的诉讼费用等。建筑职工意外伤害保险，是《建筑法》明确规定的一种强制保险，承包商必须为从事危险建筑安装作业的职工办理意外伤害保险，其法定的投保人是承包商，也可以由承包商委托该项目经理部代办；被保险人应当是施工现场上的作业人员及其管理人员。

D. 十年责任险和两年责任险。此险种均属于工程质量保险，主要是针对工程建成后使用周期长、承包商流动性大的特点而设立，为合理使用年限内工程本身及其他有关人身财产提供保障。

E. 职业责任险。

F. 施工机具险。

②自愿性保险。

自愿性保险的主要险种有履约保证保险、商业信用险、营业中断险、机动车辆险、建设工程环境污染责任险、国际货物运输险、境内货物运输险、风险保险、汇率风险保险等。

二、研究局限与展望

（一）本研究的局限性

本研究主要采用了比较研究、计量学实证检验与结构方程模型实证研究的方法，对影响中国工程保险消费行为的因素进行了系统的研究。在整个研究过程中，遇到了许多困难。本研究所选取的研究方法和研究对象都决定了本研究在理论分析方面和实证研究方面所面临的挑战。尽管在理论分析、数据收集以及数据分析过程中，努力克服了所遇到的困难与困惑，但在本研究中仍有许多不足之处，主要包括以下几个方面：

第一，理论构建方面。尽管在理论回顾中，本研究已经确认消费环境、感知价值、保险意识是影响工程保险消费行为的主要因素，但是影响工程保险消费行为的因素要比这三个因素多得多，可能都会对工程保险的消费行为产生重要影响。同时，在本研究中对消费行为影响因素只是从消费环境、感知价值和保险意识三个方面来衡量，略显得有些单薄。限于能力，本研究没有就其他变量展开论述和实证分析。今后可考虑采用更多的变量来进行分析，例如感知风险、企业营销等都可能对工程保险消费行为产生影响，值得进一步研究。

第二，在对现有工程保险需求影响因素的实证检验方面。限于中国工程保险发展时间较短，历史数据较少，仅对工程保险需求影响因素进行了实证检验，并对中国工程保险保费增长与赔款增长的互动关系进行了实证检验，以判断工程保险与建筑业之间是否存在良性互动关系，但在判断建筑经济和工程保险之间关系上尚显不足。

第三，在变量设计和测量方面。尽管结果显示，各个测量题项都能通过信度和效度显著性检验，然而限于关于工程保险消费行为方面的实证研究较少，本研究在变量设计和测量方面也存在不足。

第四，由于工程保险涉及险种范围相当广泛，比如狭义工程保险（建筑、安装工程保险及其工程保证保险）与广义工程保险（含所有工程保险险种）中的工程质量保险的承保风险及目标消费群体差异较为明显，本研究并未对此不同情况进行差异化的分析和研究，这主要是因为目前中国工程保险开展主要集中在建筑安装工程一切险方面。因此，随着后续中国对工程保险其他险种的开展，可在这方面做进一步的研究，这是本研究的不足之处，也是今后进一步研究的方向。

第五，数据收集方面。受到人力、物力和时间等因素的限制，本研究所采用的量表发放和回收方式都倾向于便利化，而且来自建筑施工企业的样本居多。现有文献都表明，中国目前的各建筑施工企业管理模式和企业文化差异较大，而这两个因素可能也会影响问卷效果。因此需要在更大的范围内获得更全面的数据，这是一项非常艰巨的任务，也是本研究今后需要进一步完善的地方。

（二）今后的研究方向

对于工程保险的研究还处于起步阶段，尤其是基于消费者行为学对工程保险进行研究的相关文献较少。国内目前的研究一般只是注重对国外工程保险制度与市场理论的引进和介绍，尚没有找到一种较好的分析方法。

本研究在此方面进行了一点尝试，此次研究的结束不是终点，而是另一个起点，有许多不足需要在今后的研究中不断解决。具体来说，今后主要的研究工作可以在以下几个方面展开。

第一，本研究建立了消费者消费意向与消费行为的研究模型，然而消费者行为理论有着更为广阔的内涵，例如消费者满意度一直是学者关注和研究的理论，在后续研究中，可以将消费者感知价值为导向的工程保险消费者满意度作为一个切入点进行研究。

第二，在计量学检验方面，限于中国目前历史数据的缺乏，可以在今后进一步收集数据，来进行长期协整检验和 Granger 因果关系检验，以验证工程保险与建筑业经济之间的影响关系。

三、本章小结

本章在实证研究基础上，详细阐述了本研究的主要结论、政策建议和对实践的管理启示。同时，本章还总结了本研究的局限以及未来研究方向。

参考文献

[1] 刘新立. 中国巨灾综合风险管理中保险的角色 [J]. 保险研究，2008 (7)：9-11.

[2] Makarand Hastak，Aury Shaked. ICRAM-1：Model for International Construction Risk Assessment [J]. Journal of Management in Engineering，2000 (1)：59-69.

[3] D. K. H. Chua，D. Z. Li. Case-based Reasoning Approach in Bid Decision Making [J]. Journal of Construction Engineering and Management，2001 (1)：35-45.

[4] Z. Chen，G. H. Huang. Integrated Subsurface Modeling and Risk Assessment of Petroleum-Contaminated Sites in Western Canada [J]. Journal of Environmental Engineering，2003，120 (90)：858-872.

[5] Tarek M. Zayed，Luh-Maan Chang. Prototype Model for Build-Operate-Transfer Risk Assessment [J]. Journal of Management in Engineering，2002 (1)：7-16.

[6] Osama Ahmed Jannadi. Risk Assessment in Construction [J]. Journal of Construction Engineering and Management，2003 (5)：492-500.

[7] Sangyoub Lee. Predictive Tool for Estimating Accident Risk [J]. Journal of Construction Engineering and Management，2003 (4)：431-436.

[8] Steven M. Trost，Garold D. Oberiender. Predicting Accuracy of Early Cost Estimates Using Factor Analysis and Multivariate Regression [J]. Journal of Construction Engineering and Management，2003 (2)：198-200.

[9] Geoff Conroy，Hossein Soltan，Conserv. A Project Specific Risk Management Concept [J]. International Journal of Project Management，1998，16 (6)：353-366.

[10] Paul R.，Garvey P. Y.，Lansdowne Z. F. Risk Matrix：An Approach for Identifying，Assessing，and Ranking Program Risks [J]. Air Force Journal of Logistics，1998 (25)：16-19.

[11] Lansdowne Z. F. Risk Matrix：An Approach for Prioritizing Risks and Tracking Risk Mitigation Progress，Proceedings of the 30th Annual Project Management Institute 1999Seminars & Symposium，Philadelphia，USA，1999.

[12] Leroy J. Lsidore and W. Edward Back. Multiple Simulation Analysis for Probabilistic Cost and Schedule Integration [J]. Journal of Construction Engineering and Management，2002 (3)：211-219.

[13] Prasanta Kumar Dey. Analytic Hierarchy Process Analyzes Risk of Operating Cross-Country Petroleum Pipelines in India? . Natural Hazards Review, 2003 (10): 213 -221.

[14] Ram Manvi, Charles Weisbin. Decision Tree Assessment of Challenging Technologies for Mission to European [J]. Journal of Aerospace Engineering, 2003, 16 (3): 121 -128.

[15] 许天乾. 国际建设项目的风险分析 [J]. 西安交通大学学报 (社会科学版), 2001, 21 (3): 33 - 37.

[16] 王卓甫. 工程项目风险管理——理论、方法与应用 [M]. 北京: 中国水利水电出版社, 2003.

[17] 韩敏, 林云. 基于神经网络的建筑行业投标报价研究 [J]. 系统工程学报, 2003 (8): 348 -355.

[18] 朱启超, 匡兴华. 风险矩阵方法与应用述评 [J]. 中国工程科学, 2003, 5 (1): 89 -94.

[19] 钟登华, 张建设, 曹广晶. 基于 AHP 的工程项目风险分析方法 [J]. 天津大学学报, 2002 (3): 163 -168.

[20] 李百胜, 戚蓝. 国际 BOT 水电项目风险分析与评价 [J]. 水利发展研究, 2002, 3 (7): 15 -17.

[21] 王卓甫. 用风险决策方法选择施工导流方案 [J]. 水利学报, 2001 (11): 28 -34.

[22] 黄如宝. 建筑工程一切险保险费率的合理确定 [J]. 建筑监理, 2000 (5): 52 -53.

[23] 余子华. 工程保险费率相关影响因素的分析 [J]. 浙江建筑, 2003 (4): 47 -49.

[24] 梁青槐, 贾俊峰. 基于工程保险的土建工程施工安全——风险管理模式研究 [J]. 中国安全科学学报, 2005 (6): 54 -56.

[25] 陆彦, 成虎, 陈守科. 大型工程保险架构研究 [J]. 建筑经济, 2006 (5): 28 -30.

[26] 陈伟, 孙希波. 加快工程保险制度的建立与完善 [J]. 商业研究, 2004 (1): 97 -98.

[27] 杜静华. 对建筑工程保险制度强制实行的探讨 [J]. 工程质量, 2005 (1): 18 -19.

[28] 陈晓芸. 工程保险的制度安排及优化 [J]. 建筑经济, 2005 (11): 15 -17.

[29] 李德智, 邓小鹏. 国际工程保险制度的研究与借鉴 [J]. 经贸实务, 2005 (1): 53 -55.

[30] 任泽华. 从经济学视角分析中国工程保险艰难前行的原因 [J]. 工程质量, 2008 (1): 4 -8.

[31] 于芹. 中国工程保险制度存在的问题及完善措施 [J]. 价值工程, 2010 (15): 38 - 39.

[32] 王景伟. 工程保险投保的法律问题研究 [J]. 建筑经济, 2009 (11): 64 - 67.

[33] 李燕鹏. 美国的工程项目保险和保证担保 [J]. 建筑经济, 1998 (8): 27 - 31.

[34] 孟宪海. 国际工程保险制度研究借鉴 [J]. 建筑经济, 2000 (8): 10 - 11.

[35] 李明, 高欣. 国外工程保险制度的发展和基本内容研究 [J]. 基建优化, 2002 (10): 9 - 13.

[36] 刘杰, 孙智. 论中国工程保险制度的建立和完善 [J]. 保险研究, 2002 (1).

[37] 徐波, 赵宏彦, 高小旺, 李中锡. 法国建筑工程质量保险体系和实施情况 [J]. 工程质量, 2004 (4): 29 - 33.

[38] 李小燕, 卢有杰. 中外保险公司工程保险竞争力比较研究 [J]. 建筑经济, 2006 (7): 20 - 23.

[39] 贺震川. 现代西方工程保险比较研究 [J]. 城市道桥与防洪, 2007 (7): 170 - 173.

[40] 陈建军, 卞艺杰, 朱晖, 王洪. 现代日本建筑工程保险评析与借鉴 [J]. 安徽农业科学, 2007, 35 (17): 5292 - 5293, 5325.

[41] 刘萌. 非寿险营销模式的内涵及构建障碍 [J]. 中国保险, 2004 (4): 53 - 55.

[42] 曹晓兰. 关于完善中国财产保险营销机制的对策思考 [J]. 金融与经济, 2005 (9): 34 - 35.

[43] 万敏. 中国财产保险的整合营销策略分析 [J]. 商业时代, 2007 (6): 22 - 25.

[44] 王爱萍. 财产保险营销的窘境和出路 [J]. 经济师, 2005 (11): 251.

[45] 乔均, 褚庆鑫. 个人车险业务感知服务质量对顾客满意的影响力差异研究 [J]. 南京社会科学, 2010 (8): 29 - 37.

[46] 魏华林, 田华. 中国工程保险的现状分析与发展对策 [J]. 科技进步与对策, 2004 (10): 147 - 148.

[47] 刘延宏. 建设项目推行工程保险的障碍与对策 [J]. 铁路工程造价管理, 2006 (2): 23 - 26.

[48] 许晓民. 如何加快开发中国工程保险市场 [J]. 建筑经济, 2007 (2): 16 - 18.

[49] 黄如宝, 孙斌. 中国建设工程保险中介市场的现状和发展对策研究 [J]. 建筑经济, 2005 (3): 23 - 26.

[50] 赵海鹏, 陈小龙, 林知炎. 建筑工程质量保险制度的效用与成本研究 [J]. 同济大学学报, 2007 (5): 708 - 713.

[51] 李小菲. 论工程保险与招投标制度 [J]. 内蒙古科技与经济, 2010 (7): 12 - 13.

[52] 廖雄华. 地铁与轻轨土建工程的风险和保险 [D]. 同济大学，2002.

[53] 李明. 国内外工程项目风险管理和保险的实证研究 [D]. 同济大学，2003.

[54] 张凤华. 大型建筑工程及城市风险评价与保险研究 [D]. 同济大学，2004.

[55] 王和. 工程保险理论与实务 [M]. 北京：中国金融出版社，2005.

[56] Nicosia E. M. Consumer Decision Process. Prince-Hall, 1996.

[57] Engel, Kola and Blackwell. Consumer Behavior. New York: Holt, Rinehart & Winston, 1968.

[58] Jacoby J. Consumer Psychology. An Octennium [J]. Annual Review of Psychology, 1976: 331 - 358.

[59] Simon H. A. Rational Choice and the Structure of Environment [J]. Psychological Review, 1956 (63): 129 - 138.

[60] Kahneman D. and Tversky A. Prospect Theory: An Analysis of Decision Under Risk [J]. Econometrica, 1979, 47 (1): 263 - 291.

[61] Howard J. A. and J. Sheth. The Theory of Buyer Behavior [J]. New York: John Wiley & Sons. Inc, 1969.

[62] Reynolds E. D. and W. R. Darden. Construing Life Style and Psychographics [J]. William D. Wells Chicago, 1974.

[63] Kolter, Philip. Marketing Management: Analysis, Planning, Implementation and Control [J]. 8 th Edition, Prentile Hall, 1997.

[64] Tybout, Alice M. and Nancy Artz. Consumer psychology [J]. Annual Review Psychology, 1994 (45): 131 - 169.

[65] Bettman, James R. Consumer psychology. Annual Review of Psychology, 1986 (37): 257 - 289.

[66] Meyers-Levy Joan. and B. Sternthal. Gender Difference in the Use of Massage Cues and Judgment [J]. Journal of Marketing Research, 1991 (28): 84 - 96.

[67] Jacoby J., G. V. Johar, and M. Morrin. Consumer Behavior [J]. A Quadrennium, Annual Review of Psychology, 2001: 319 - 344.

[68] Fishbein M. and Ajzen I. Belief, Attitude, Intention and Behavior: an Introduction to Theory and Research. Reading MA: Addison Wesley, 1975.

[69] Dodds, William B., Kent. Monroe and Dhnlv Grewal. Effect of Price, Brand and Store Information on Buyers' Product Evaluation [J]. Journal of Marketing Research, 1991 (8): 307 - 319.

[70] George Katona. The Powerful Consumer [J]. New York: McCraw Hill, 1960: 80 - 83.

[71] 许士军. 管理学 [M]. 台北：东华书局，1987.

[72] 韩睿，田志龙. 促销类型对消费者感知及行为意向的研究 [J]. 管理科学，2005 (2)：85 -90.

[73] Sondergaard Hell Alsted, Giunert Iaus G. Scholderer Joachi. Consumer Attitudes to Enzymes in Food Production [J]. Trends in Food Science and Technology, 2005 (16): 466 -474.

[74] Bauer R. Consumer Behavior as Risk Taking. Chicago: 43rd National Conference of American Marketing Association, 1960: 389 -398.

[75] Zeithaml V. Consumer perception of price, Quality and value: A Means-end-Model Synthesis of Evidence [J]. Journal of Marketing, 1988, 52: 2 -22.

[76] 陈学军. 保险业营销中顾客满意度影响模式的比较研究 [J]. 人类工效学，2003, 9 (3)：21 -23.

[77] Davis Fred D. Perceived Usefulness, Perceived Ease of Use, and User Acceptance of Information Technology. MIS Quarterly, 1989, 13 (3): 318 -340.

[78] Jakson B. B. Build Customer Relationship [J]. Harvard Business Review Nov - Dec. 1985: 120 -128.

[79] Morris B. Holbrook. The Nature of Customer Value: An Axiology of Services in the Consumption Experience. in Service Quality: New Direction in Theory and Practice, ed. Roland T. Rust and Richard L. Oliver, Thousand Oaks, 1994, Calif. : Sage.

[80] Kotler, Philip. Marketing Management? . Prentice Hall, 2000.

[81] Higgins L. T. The Value of Customer Value Analysis? . Marketing Research, 1998: 10.

[82] Anderson J. A. and Narus J. A. Business Marketing: Understand What Customers Value [J]. Harvard Business Review, 1998, 76 (60): 53 -65.

[83] Zeithaml V. A. Customer Perception of Price, Quality and Value: A Means and Model and Synthesis of Evidence [J]. Journal of Marketing, 1988 (1): 2 -22.

[84] Monroe K. B. Pricing: Making Profitable Decisions [J]. New York: McGraw Hill, 1990.

[85] Woodruff R. B. , Schumann D. W. and Gardial S. F. Understanding Value and Satisfaction from the Customer' s Point of View [N] Survey of Business, 1993.

[86] Gale B. L. Managing Customer Value: Creating. Quality and service that Customer Can See? . New York: Free Press, 1994.

[87] Albrecht K. Customer Value? . Executive Excellence, September, 1994.

[88] Butz, Howard E. , Jr. and Leonard D. Goodstein. Measuring Customer Value: Gai-

ning the Strategic Advantage [J]. Organizational Dynamics 24 (Winter), 1996: 63 -77.

[89] Gronroos, Christian. Service Management and Marketing: Managing the Moments of Truth in Service Competition. Lexington, MA: Lexington Books, 1990.

[90] Burnham T. A. , Frels J. K. and Mahajan V. Consumer Switching Costs: A Typology, Antecedents, and Consequences [J]. Journal of Academy of Marketing Science, 2003, 31 (1): 9 -26.

[91] Woodruff R. B. Customer Value: The Next Source for Competitive Advantage [J]. Journal of Academy of Marketing Science, 1997.

[92] Burns, Mary Jane. Value in Exchange: The Customer Perspective [D]. Knoxville: The University of Tennessee, 1993.

[93] Burns, Mary Jane and Robert B. Woodruff. Delivering Value to Consumers: Implications for Strategy Development and Implementation?. Chicago: American Marketing Association, 1992: 209 -216.

[94] Hirschman and Holbrook B. Hedonic consumption: Emerging Concepts, Methods and Propositions [J]. Journal of Marketing, 1982, 46 (1): 92 -101.

[95] Gardinal, Sarah Fisher D. Scott Clemens, Robert B. Woodruff. David W. Schuman. Mary Jane Burns. Comparing Consumer Recall of Prepurchase and Postpurchase Evaluation Experiences [J]. Journal of Consumer Research 20 (March), 1994: 584 -560.

[96] 熊彼特. 经济分析史 [M]. 北京: 商务印书馆, 2001 (10).

[97] Mark Granovetter and Richard Swedberg. The Society of Economic Life UK: Westview Press, 1992.

[98] 张庆洪. 保险经济学导论 [M]. 北京: 经济科学出版社, 2004.

[99] 黄攸立, 周卫东等. 论需求动机理论在保险服务中的运用 [J]. 保险研究, 2002 (10): 14 -17.

[100] 亚当·斯密. 国民财富的性质和原因的研究 (上卷) [M]. 郭大力等译. 北京: 商务印书馆, 1972: 101.

[101] 约翰·穆勒. 政治经济学原理及其在社会哲学上的若干应用 (上卷) [M]. 赵荣潜等译. 北京: 商务印书馆, 1991: 453.

[102] 马歇尔. 经济学原理 (下卷) [M]. 陈良璧译. 北京: 商务印书馆, 1981.

[103] [美] 弗兰克·奈特. 风险、不确定性与利润 [M]. 王文玉, 王宇译. 北京: 中国人民大学出版社, 2005: 11.

[104] Boreh K. The Safety Loading of Reinsurance Premiums [J]. Senadinvaina Aoctarial Journal, 1960 (43): 163 -184.

[105] Borch K. The Utility Concept Applied to the Theory of Insurance, ASTIN Bull,

1961：245 - 255.

[106] Boerh K. Equilibrium in a Reissuance Market [J]. Econometiea, 1962, 30: 424 - 444.

[107] 卡尔·H. 博尔奇. 保险经济学 [M]. 庹国柱等译. 北京：商务印书馆，1999.

[108] 尹世杰. 当代消费经济词典 [M]. 四川：西南财经大学出版社，1991.

[109] 赵春梅. 中国保险市场研究 [D]. 南开大学，2003.

[110] [德] D. 法尼. 保险企业管理学 [M]. 张庆洪等译. 北京：经济科学出版社，2002：14.

[111] 徐波，赵宏彦. 建筑工程质量保险探析——法国等国家建筑工程质量保险考察 [J]. 建筑经济，2004 (9).

[112] 刘慧峰. 论财产保险市场营销机制的创新 [J]. 经济问题，2005 (8)：67.

[113] 裴光. 中国保险业竞争力研究 [M]. 北京：中国金融出版社，2002：400.

[114] FIDIC 文献. 大型土木工程项目保险 [M]. 北京：中国计划出版社，2001.

[115] Outreville J. F. The Economic Significance of Insurance Markets in Developing Countries [J]. Journal of Risk and Insurance, 1990, 57 (3).

[116] Outreville J. F. Life Insurance Markets in Developing Countries [J]. Journal of Risk and Insurance, 1996, 63 (2).

[117] Skipper H. D. Protectionism in the Provision of International Insurance Services [J]. Journal of Risk and Insurance, 1987 (61): 55 - 85.

[118] Glaeser E., Sacerdote B. Why is there more crime in cities? [J]. Journal of political Economy, 1999, 107 (6): 225 - 258.

[119] Ward and Zurbruegg R. Does Insurance Promote Economic Growth? Evidence from OECD Countries [J]. Journal of Risk and Insurance, 2000: 67.

[120] Arrow K. J. Aspects of the Theory of Risk-Bearing. Helsinki: Yrjo Jahnsson Foundation, 1965.

[121] Szpiro G. Measuring Risk Aversion: An Alternative Approach [J]. The Review of Economics and Statistics, 1986, 68: 156 - 159.

[122] Szpiro G., Outreville J. F. Relative Risk Aversion Around the World [J]. Studies in Banking and Finance, 1988, 6: 123 - 129.

[123] Schlesinger, Harris. The Optimal Level of Deductibility in Insurance Contracts [J]. Journal of Risk and Insurance, 1981.

[124] 夏才生. 论非寿险需求与有效供给 [J]. 保险研究，2000 (12)：6 - 8.

[125] 肖文，谢文武. 中国保险费收入增长的模型分析 [J]. 上海金融，2001

(4)：27－28.

[126] 徐爱荣．中国保险市场需求潜力实证分析［J］．上海统计，2002（5）：17－19.

[127] 吴江鸣，林宝清．中国保险需求模型的实证分析［J］．福建论坛（经济社会版），2003（10）：26－30.

[128] 林宝清，洪锡熙，吴江鸣．中国财产险需求收入弹性系效实证分析［J］．金融研究，2004（7）：90－99.

[129] 赵桂芹．影响中国非寿险消费的主要因素——基于省际数据的实证分析［J］．江西财经大学学报，2005（4）：90－99.

[130] 赵桂芹．非寿险需求、经济发展与损失可能性——来自1997～2003年31个省（市）的实证分析［J］．预测，2006（3）：48－54.

[131] 钱珍．中国非寿险需求影响因素的实证分析［J］．统计教育，2006（8）：27－29.

[132] 刘荣茂，郑婷婷．影响财产保险需求因素的实证分析［J］．湖南财经高等专科学校学报，2007，23（110）：107－109.

[133] 夏益国．中国非寿险需求影响因素的实证分析［J］．技术经济，2007，26（3）：117－120.

[134] 江生忠．2008年中国保险业发展报告［M］．北京：中国财政经济出版社，2009.

[135] 黄泽勇．影响中国财产保险保费收入因素的实证研究［J］．中国管理信息化，2009（6）61－63.

[136] 易丹辉．数据分析与EViews应用［M］．北京：中国统计出版社，2002.

[137]［英］特伦斯·C. 米尔斯．金融时间序列的经济计量学模型［M］．俞卓菁译．北京：经济科学出版社，2002.

[138] 张世英，樊智．协整理论与波动模型——金融时间序列分析与应用［J］．北京：清华大学出版社，2004.

[139] 张晓峒．EViews使用指南与案例［M］．北京：机械工业出版社，2007.

[140] 杨丹萍．宁波对外贸易与经济增长关系的协整分析［J］．宁波大学学报（理工版），2008（9）：438－441.

[141] 金裔婕．电子商务的发展对人民生活水平影响的实证分析［J］．理论与实践，2010：24－27.

[142] 冯建英，穆维松，张领先，傅泽田．基于消费者购买意愿的农机市场需求分析［J］．商业研究，2008（2）.

[143] Fishbein M. An Investigation of the Relationships between Beliefs about an Object and Attitude toward that Object? . Human Relations，1963（16）：233－240.

[144] Ajzen I., Fishbein M. Understanding Attitudes and Predicting Social Behavior [J]. Englewood Cliffs, NJ: Prentice-Hall, 1980 (5).

[145] Ajzen I. From Intentions to Actions: A Theory of Planned Behavior. In J. Kuhl & J. Beckman (Eds.), Action-control: From Cognition to Behavior. Heidelberg, Germany: Springer, 1985: 11-39.

[146] 李华敏. 乡村旅游行为意向形成机制研究——基于计划行为理论的拓展 [D]. 浙江大学, 2007.

[147] 段文婷, 江光荣. 计划行为理论述评 [J]. 心理科学进展, 2008, 16 (2): 315-320.

[148] Ajzen I. Attitudes, Personality, and Behavior. Chicago: Dorsey Press, 1988: 112-150.

[149] Ajzen I. The Theory of Planned Behavior. Organizational Behavior and Human Decision Process, 1991 (50): 179-211.

[150] Bandura A Self-Efficacy: Toward a Unifying Theory of Behavioral Change, 1977 (2).

[151] Bandura. A Self-Efficacy Mechanism in Human Agency, 1982 (2).

[152] Kraft, Pal, Jostein Rise, Stephen Sutton, and Espenrysamb. Perceived Behavioral Control or Affective Attitude [J]. British Journal of Social Psychology, 2005, (44) 3: 479-496.

[153] 苏秦, 李钊, 崔艳武, 陈婷. 网络消费者行为影响因素分析及实证研究 [J]. 系统工程, 2007 (2).

[154] Sheeran P., Trafimow D., Armitage C. J. Predicting Behavior from Perceived Behavioral Control: Test Of-accuracy of the Theory of Planned Behavior [J]. British Journal of Social Psychology, 2003 (42): 393-410.

[155] 青平, 李崇光. 消费者计划行为理论及其在市场营销中的应用 [J]. 理论与实践, 2005 (2): 78-80.

[156] 邱皓政, 林碧芳. 结构方程模型的原理与应用 [M]. 北京: 中国轻工业出版社, 2009.

[157] Harold D. 国际风险与保险——环境管理分析 [M]. Skipper, 荆涛等译. 北京: 机械工业出版社, 1999.

[158] Robert W. Klein. Structural Change and Regulation Response in the Insurance Industry. NAIC General Information, 1995.

[159] 余德麟. 香港保险业的发展 [M]. 香港商务印书馆, 1997.

[160] Sweeney J. C., Soutar G. N. Consumer Perceived Value: The Development of a

Multiple Item Scale [J]. Journal of Retailing. 2001, 772 (2): 203 - 220.

[161] 解佳涛. 服务业顾客感知价值要素分析 [J]. 现代管理科学, 2005.

[162] 于根元. 现代汉语新词词典 [M]. 北京: 北京语言学院出版社, 1994: 189.

[163] 余俊良. 在深化改革中提高社会保险意识 [J]. 上海保险, 1996 (7).

[164] 宋国华, 刘万庆, 朱彼等. 保险大辞典 [M]. 沈阳: 辽宁人民出版社, 1989: 273.

[165] 王宪章. 加强保险意识培养促进中国保险事业发展 [J]. 保险研究, 2000 (3).

[166] 高岩. 国人保险意识淡薄的成因探析与对策研究 [J]. 中小企业管理科技, 2007 (4).

[167] 谭丽妲. 无锡市民商业保险意识的调查分析 [J]. 市场周刊, 2008 (11).

[168] 陈朝先. 如何看待中国老百姓的保险意识 [J]. 浙江金融, 2000 (2).

[169] 张健东. 企业动态能力与跨期绩效关系研究 [D]. 复旦大学, 2005.

[170] 风笑天. 高回收率更好吗? 对调查回收率的另一种认识 [J]. 社会学研究, 2007 (3): 121 - 135.

[171] 侯杰泰, 温忠麟, 成子娟. 结构方程模型及其应用 [M]. 北京: 教育科学出版社, 2005: 213.

[172] 温忠麟, 侯杰泰, 马什赫伯特. 结构方程模型检验: 拟合指标与卡方准则 [J]. 心理学报, 2004 (36): 186 - 194.

[173] Gerbing D. W., Anderson J. C. Monte Carlo. Evaluations of Goodness-of-fit Indices for Structural Equation Models [J]. Sociological Methods & Research, 1992, 21 (2): 132 - 160.

[174] Kaiser H. F. An Index of Factorial Simplicity. Psychometricka, 1974, 39 (1): 31 - 36.

[175] 王松涛. 探索性因子分析与验证性因子分析比较研究 [J]. 兰州学刊, 2006 (5): 155 - 156.

[176] 易丹辉. 结构方程模型方法与应用 [M]. 北京: 中国人民大学出版社, 2008.

[177] 花昭红. 顾客视角的动态顾客价值研究 [D]. 山东大学, 2007.

[178] 程兴火. 基于游客感知价值的森林生态旅游景区竞争优势研究——以浙江省为例 [D]. 浙江大学, 2006.

[179] 郑传锋. 中国军人保险制度改革研究 [D]. 华中科技大学, 2005.

[180] 赵海鹏. 房屋质量保险制度的研究 [D]. 同济大学, 2006.

[181] 张磊. 中国强制责任保险制度研究 [D]. 厦门大学, 2007.

[182] 盛敏. 中国保险消费选择行为的经济分析及实验研究 [D]. 同济大学, 2006.

[183] 郭振华, 郑迎飞, 庄贺铭, 吴志方. 强制工程质量保险制度的法与经济分析 [J]. 建筑经济, 2007 (2): 56-60.

[184] 赖纯莹, 张飞涟, 张玉娟. 基于施工安全的工程保险模式研究 [J]. 安全与环境学报, 2007 (2): 141-143.

[185] 叶乃沂. 消费者感知风险及上网购物行为研究 [D]. 西南交通大学, 2008.

[186] Aron O'Cass, Tino Fenech. Web Retailing Adoption: Exploring the Nature of Internet Users Web Retailing Behavior [J]. Journal of Retailing and Consumer Service, 2003, 10 (2): 81-94.

[187] 白琳. 顾客感知价值驱动因素识别与评价方法研究——以手机为例 [D]. 南京航空航天大学, 2007.

[188] 黄英君. 中国农业保险发展的机制设计研究 [D]. 西南财经大学, 2008.

[189] 林振旭. 网站特性与风险认知对消费者网络购买意愿影响之研究——以结构方程模式验证 [D]. 复旦大学, 2007.

[190] 尹卫兵. 基于RDAP四阶模型的新产品速度营销动态能力实证研究 [D]. 同济大学, 2009.

[191] 高海霞. 感知风险在消费者购买意愿决策中的应用研究 [J]. 商业研究, 2004 (1): 90-92.

[192] 胡美琴. 在华跨国公司生态环境管理影响因素研究 [D]. 复旦大学, 2007.

[193] 郑冉冉, 宋泽. 网上购物意图影响因素实证研究 [J]. 商业经济与管理, 2007 (7): 55-61.

[194] 查金祥, 王立生. 网络购物顾客满意度影响因素的实证研究 [J]. 管理科学, 2006 (2): 50-58.

[195] 武星星, 苗维亚. 基于结构方程模型的网上购买意愿影响因素实证研究 [J]. 电子科技大学社科版, 2007 (6): 35-39.

[196] 张世琪, 宝贡敏. 国外感知服务质量理论研究述评 [J]. 技术经济, 2008 (9): 118-124.

[197] 牟晋京, 王晓萍. 论顾客价值理论对保险营销的创新 [J]. 保险研究, 2005 (4): 31.

附录 A　调查问卷

尊敬的女士/先生：

您好！该问卷是本人博士学位论文的一部分，想了解贵公司在以往或未来关于工程保险投保的一些具体经历和想法。请您根据您的真实感受，直接在相应“□”上打“√”或填写数字即可。本调查相关信息不作他用，仅用于学术研究并绝对保密，敬请放心填写。

衷心感谢您的合作！

序号	测量条款	完全同意	基本同意	有点同意	不能确定	有点不同意	不同意	完全不同意
A. 工程保险发展的制度、市场、技术的消费环境。根据您或贵公司的经历或经验，您对下述说法的认可程度如何？								
1	您认为现有的国家法律、制度可以满足工程保险实践发展的需求（投保细则和保费来源等；谁投保？投保范围？险种划分？）	①	②	③	④	⑤	⑥	⑦
2	您认为现有概预算管理办法支持和保证了贵公司购买工程保险的行为	①	②	③	④	⑤	⑥	⑦
3	保险市场信息是完全对称的	①	②	③	④	⑤	⑥	⑦
4	目前工程保险市场的竞争是规范、有序、透明的，现在可以很方便买到想要的工程保险产品，不用花费太多的精力	①	②	③	④	⑤	⑥	⑦
5	目前保险公司、保险中介、行业协会的风险管理技术使您感到满意	①	②	③	④	⑤	⑥	⑦
6	您可以在市场上现有的保险中介/代理机构（公估、经纪公司）中得到优质的保险中介服务和保险知识	①	②	③	④	⑤	⑥	⑦
B. 工程保险价值（工程保险的质量、服务、期望和成本）。根据您或贵公司的经历或经验，您对下述说法的认可程度如何？								
7	目前的市场上可以容易买到与工程风险状况匹配、为工程量身定做的产品	①	②	③	④	⑤	⑥	⑦

续表

序号	测量条款	完全同意	基本同意	有点同意	不能确定	有点不同意	不同意	完全不同意
8	拟购买的工程保险合同条款清楚明确、通俗易懂	①	②	③	④	⑤	⑥	⑦
9	在购买保险产品前可获得满意的信息咨询服务	①	②	③	④	⑤	⑥	⑦
10	在保险合同存续期内，可获得满意的培训、风险管理及其他咨询服务	①	②	③	④	⑤	⑥	⑦
11	项目风险越大，保险给您带来的物质和精神保障越强	①	②	③	④	⑤	⑥	⑦
12	工程保险可以提高工程建设的风险管理水平	①	②	③	④	⑤	⑥	⑦
13	目前工程保险的费率是合理的，您完全接受	①	②	③	④	⑤	⑥	⑦
14	如果参加工程保险，不会增加您或贵公司很多额外的工作	①	②	③	④	⑤	⑥	⑦
C. 保险意识（对保险的认知和态度）。根据您或贵公司的经历或经验，您对下述说法的认可程度如何？								
15	您认为工程项目必须要有适当的风险保障安排手段	①	②	③	④	⑤	⑥	⑦
16	您认为保险是集合多数人的财力，帮助遭受损失的个体	①	②	③	④	⑤	⑥	⑦
17	您对保险的态度是正面的、积极的	①	②	③	④	⑤	⑥	⑦
18	您对目前保险行业的态度是正面的、积极的	①	②	③	④	⑤	⑥	⑦
D. 对工程保险的投保意向。根据您或贵公司的经历或经验，您对下述说法的认可程度如何？								
19	您愿意通过保险转嫁您的工程建设风险	①	②	③	④	⑤	⑥	⑦
20	尽管缺乏有效的资金来源保证，您仍然愿意购买工程保险	①	②	③	④	⑤	⑥	⑦
21	尽管现有的工程保险产品和服务与您的期望尚有差距，但您仍愿意购买	①	②	③	④	⑤	⑥	⑦
E. 对工程保险的投保行为。根据您或贵公司的经历或经验，您对下述说法的认可程度如何？								
22	您愿意购买通用性较强的产品，并不需要针对您项目设计的个性化产品	①	②	③	④	⑤	⑥	⑦
23	您购买工程保险时，价格而非服务是您优先考虑的因素	①	②	③	④	⑤	⑥	⑦
24	您更愿意通过保险中介购买保险产品，而不是直接在保险公司购买	①	②	③	④	⑤	⑥	⑦
25	您更愿意在中小型保险公司而非大型公司购买工程保险产品	①	②	③	④	⑤	⑥	⑦
F. 请填写您的相关个人信息（所有数据将会被绝对保密！）								
26	您的性别：□男 □女							
27	您的职称：□ 高级 □ 中级 □初级							

续表

序号	测量条款	完全同意	基本同意	有点同意	不能确定	有点不同意	不同意	完全不同意
28	您目前从事的岗位：□工程技术 □计划合同管理 □财务 □安全技术 □其他							
29	您在所在企业的司龄：□3 年以下 □3 ~ 5 年 □5 ~ 10 年 □10 ~ 20 年 □20 年以上							
30	您所在企业的员工数：□100 人以下 □101 ~ 300 人 □301 ~ 1000 人 □1000 人以上							
31	您所在企业的类型：□业主 □施工承包商 □设计院 □监理公司 □供应商 □房地产企业 □其他							

再次感谢您的热心参与！

附录 B　表目录

附录C 图目录

重要术语索引表